hte

Zeitschrift für Ideengeschichte
Heft XVIII/4 Winter 2024

Beirut

Herausgegeben von
Sonja Mejcher-Atassi &
Daniel Schönpflug

Deutsches Literaturarchiv Marbach
Klassik Stiftung Weimar
Herzog August Bibliothek Wolfenbüttel
Wissenschaftskolleg zu Berlin
Stiftung Preußischer Kulturbesitz Berlin
Kunsthistorisches Institut in Florenz – MPI
Leibniz-Zentrum für Literatur- und Kulturforschung

Begründet von Ulrich Raulff, Helwig Schmidt-Glintzer und Hellmut Seemann

Redaktionsadresse:
Zeitschrift für Ideengeschichte
Wissenschaftskolleg zu Berlin
Wallotstraße 19
14193 Berlin

www.z-i-g.de
www.chbeck.de

Die Zeitschrift für Ideengeschichte erscheint viermal jährlich und ist auch im Abonnement erhältlich.

Bezugspreis:
Einzelheft: € 20,00 [D]; € 20,60 [A];
zzgl. Vertriebsgebühren von € 1,55 (Inland); Porto (Ausland)
als E-Book: € 12,99
Jährlich: € 64,00
inkl. Vertriebsgebühren (Inland); zzgl. € 30,00 (Ausland)
Sonderpreis: € 52,00
inkl. Vertriebsgebühren (Inland); zzgl. € 30,00 (Ausland)
Der Sonderpreis gilt für Mitglieder der mit den Herausgeber-Institutionen und ihren Museen, Archiven, Bibliotheken und Instituten verbundenen Vereine gemäß der Liste auf www.z-i-g.de, für Mitglieder des Verbands der Historiker und Historikerinnen Deutschlands e.V. und des Verbands der Geschichtslehrer Deutschlands e.V. sowie für Abonnenten der Marbacher Magazine.

Abo-Service:
Telefon (089) 381 89-750 • Fax (089) 381 89-402
E-Mail: Kundenservice@beck.de

Gestaltung:
vsp-komm.de

Layout und Herstellung:
Simone Decker

Druck und Bindung:
Beltz Grafische Betriebe GmbH, Bad Langensalza

ISSN 1863-8937 • Postvertriebsnummer 74142
ISBN gedruckte Ausgabe 978-3-406-81579-9
ISBN E-Book-Ausgabe 978-3-406-81583-6

Verlag C.H.Beck, Wilhelmstraße 9, 80801 München

myclimate shape our future
MIX Papier | Fördert gute Waldnutzung FSC® C089473
verantwortungsbewusst produziert
www.chbeck.de/nachhaltig

Im nächsten Heft: Achsenmacht. Mit Beiträgen von Harald Bodenschatz, Karin Gludovatz, Johann Schloemann und einem Essay von Antonio Loprieno über Jan Assmann.

Zum Thema

Am 4. August 2020 detoniert im Hafen von Beirut ein Depot mit Ammoniumnitrat. Die gewaltige Druckwelle verwandelt das Hafenviertel in ein Trümmerfeld und lässt noch in vielen Kilometern Entfernung Fassaden bersten. Über zweihundert Menschen sterben. Von den Folgen der Explosion für das Archäologische Museum der Amerikanischen Universität Beirut erzählt uns dessen Direktorin Nadine Panayot. Sie erinnert sich an den Augenblick, in dem sie vor den Scherben ihres Museums stand – und an ein jahrelanges Puzzlespiel mit tausenden Splittern antiker Kunst- und Gebrauchsgegenstände. Ihre Geschichte steht für die zentrale Frage dieser Ausgabe: Was bedeutet Sammeln in einer Stadt, deren Geschichte in der Moderne von tiefgreifenden Transformationen, Krisen, Zerstörung und Kriegen geprägt ist?

Noch in den 1960er Jahren gilt Beirut als «Paris des Orients». In den Clubs wird die Nacht zum Tag gemacht, und die gespannte Erwartung einer bevorstehenden Revolution liegt in der Luft. Yvonne Albers spürt dieser utopischen Energie in der Zeitschrift *Mawaqif* nach. Der Architekt Antoine Tabet hingegen steht für eine Kaskade urbanistischer Utopien, die in den zwanziger Jahren beginnt und zu immer neuen Neuerfindungen von Beirut als «moderner» Stadt führt.

Nach der kurzen Blüte der sechziger Jahre stürzt der Libanon in einen Bürgerkrieg, der Beirut ab 1975 in zwei bitter verfeindete Hälften spaltet. Direkt an der Demarkationslinie wächst Tania Zaven auf, im Schatten des zur Militärbasis umgebauten Beiruter Nationalmuseums. Doch den dort bewahrten Sarkophag des phönizischen Königs Ahiram kann die Direktorin der Grabungsstätte Byblos erst viel später in Augenschein nehmen. Der Sarkophag überlebt die Ära der Gewalt geschützt durch einen Betonmantel; fast mutet es wie eine Weissagung an, dass sein reiches Bildprogramm von Tod und Wiedergeburt handelt.

Auf das Ende des Bürgerkrieges, der eindrucksvoll in den Fotografien von Fouad Elkoury festgehalten ist, folgt eine kurze Phase der Hoffnung. Beirut wird von den megalomanischen Glaspalästen des Ministerpräsidenten und Bauunternehmers Rafik al-Hariri überschattet. Doch Hariri wird 2005 Opfer eines Bombenattentats, für das Jahre später Mitglieder der Hisbollah *in absentia* verurteilt werden. Der israelisch-palästinensische Konflikt und andere Kriege in der Region, erst im Irak, dann in Syrien, Spekulation, Korruption, Inflation und Wirtschaftskrise lassen dem Land keine Ruhepause. 2019 schlägt die Revolutionshoffnung neue Funken. Wer weiß, ob zwischen dem Verfassen dieser Zeilen und ihrer Veröffentlichung nicht ein neuer Krieg ausgebrochen sein wird.

Zu den Paradoxien der Explosion vom 4. August 2020 gehört, dass sie von Ammoniumnitrat ausgelöst wurde. Dieses Salz ist eine Zutat gleichzeitig für Sprengstoff und Düngemittel. Genauso doppelbödig erscheint es, dass sich im zehrenden Beiruter Alltag, in einer alle Aufmerksamkeit absorbierenden Jetztzeit nach wie vor Archive, Galerien und Museen gegen das Vergessen stemmen. Die Triebkräfte des Sammelns erweisen sich als ebenso vielfältig wie die Sammlungen. Keineswegs geht es nur darum, Haltepunkte im Mahlstrom einer unerbittlichen Geschichte zu setzen, kulturelle Fundamente zu erhalten oder historische Erzählungen zu legitimieren. Archive können auch Motoren dynamischen Wandels sein, indem sie gesellschaftliche Bewegungen dokumentieren, schmerzhafte Erinnerungen aufarbeiten und rechtsstaatliche Verfahren anmahnen. So berichtet Leyla Dakhli von libanesischen Revolutionären, die gleichzeitig Archivare sein wollen.

Manchen allerdings steht zum Bewahren des Vergangenen nur die Kraft der eigenen Erzählstimme zur Verfügung. Stellvertretend für Millionen Flüchtlinge, für die der Libanon Transitland oder Endstation ist, berichtet der syrische Theaterautor und Dramaturg Mohammad Al Attar über seine Flucht, die ihn von Damaskus über Beirut nach Berlin führte. Er bestätigt damit, was der kurz vor Drucklegung verstorbene Romancier und Essayist Elias Khoury, über seine Heimat in dieser Ausgabe schreibt: Beirut sei eine Stadt der Fremden.

Sonja Mejcher-Atassi
Daniel Schönpflug

Nadine Panayot

Scherben

Nachrichten aus der Archäologie der Jetztzeit

Als ich vor drei Jahrzehnten als wissenschaftliche Mitarbeiterin am Archäologischen Museum der Amerikanischen Universität Beirut (AUB) anfing, war ich gerade zweiundzwanzig Jahre alt geworden. Der Museumsdirektor übertrug mir damals die Aufgabe, Schulkinder durch unsere Ausstellungen zu führen. Mit besonderer Ehrfurcht betrachteten wir damals eine Vitrine mit gläsernen Schalen, Flaschen, Kelchen, Bechern, Tellern und kleinen Tassen, die in allen Farben des Regenbogens schimmerten. Es handelte sich um vierundsiebzig Artefakte, welche einstmals bei Tisch benutzt worden waren. Die meisten dieser Objekte stammten aus der Römerzeit. Sie waren bei Grabungen im Libanon, in Syrien und in Palästina gefunden worden. Um den Kindern die Fragilität dieser Stücke zu erklären, verglich ich sie mit den Flügeln von Schmetterlingen, deren Schönheit ihre Verletzlichkeit verbirgt *(Abb. 1)*.

Am 4. August 2020 wurde Beirut von einer Explosion mit katastrophalen Folgen heimgesucht. Dieses verheerende Ereignis wurde durch einen Lagerhausbrand im Hafen ausgelöst, bei dem sich 2750 Tonnen unsachgemäß gelagertes Ammoniumnitrat entzündeten. Die Explosion, die als eine der schlimmsten nichtnuklearen Detonationen der Geschichte gilt, löste Erschütterungen aus, die der eines Erdbebens der Stärke 4,5 glichen. Zweihundertdreißig Menschen kamen ums Leben, siebentausend wurden verletzt und dreihunderttausend obdachlos. Gebäude im unmittelbaren Umkreis der Explosion wurden in Sekunden in Trümmerhaufen verwandelt, selbst in einer Entfernung von 10 Kilometern vom Hafen entstanden noch massive Schäden.

Abb. 1
Der Flügelschlag der Schmetterlinge: Eine Vitrine aus dem Archäologischen Museum in Beirut zeigt die ursprüngliche Aufstellung der vierundsiebzig Glasobjekte vor allem aus der Römerzeit.

Mit bangem Herzen betrete ich zwei Tage nach der Explosion das Archäologische Museum der AUB. Ich sehe fünf klaffende Löcher in der Außenmauer, wo einst Türen waren, und die Splitter von siebzehn Fenstern, die von der Explosion in die Innenräume gedrückt wurden. Aber es sind nicht die Gebäudeschäden, die mir die größten Sorgen bereiten. Während ich die mit Trümmern überzogenen Säle inspiziere, sehe ich, dass die Explosion eine große Vitrine umgestoßen hat. Ihr Inhalt liegt in Scherben, die über den Marmorboden verstreut sind. Ich erkenne sofort, dass es sich um dieselbe Vitrine mit vierundsiebzig unersetzlichen Glasartefakten handelt, die ich vor drei Jahrzehnten den Kindern gezeigt hatte *(Abb. 2)*.

Von diesen Eindrücken zutiefst erschüttert, telefoniere ich meine ehemaligen Studenten zusammen, allesamt Absolventen des Masterstudiengangs für Museumsstudien an der Universität Balamand, und wir entscheiden, ein Rettungsteam für die Museen von Beirut zu gründen. Von den acht Sammlungen, die von der Explosion betroffen sind, haben die AUB und die Sursock-Museen die größten Schäden davongetragen. In den folgenden Tagen arbeiten wir an einer Übersicht der Zerstörungen und an einer Liste der wichtigsten Materialien, die für die Wiederherstellungsarbeiten benötigt werden. Doch wie soll ihre Beschaffung finanziert werden? Libanesische Gelder sind aufgrund des

Abb. 2
Glas, Steine, Scherben: Zerbrochene antike Glasobjekte nach der Zerstörung am 4. August 2020.

zusammengebrochenen Bankensystems nicht verfügbar. Erst meine Telefonate mit dem Institut National du Patrimoine (INP) in Paris lassen einen Hoffnungsschimmer inmitten der Verwüstung aufscheinen. Mit Unterstützung der Internationalen Allianz für den Schutz des Kulturerbes (ALIPH) soll eine Bergungsmission für die Objekte des Archäologischen Museums der AUB organisiert werden.

Am 4. September 2020 nimmt unser Team unter der Leitung von Claire Cuyaubère, einer vom INP entsandten Glasrestauratorin, die Arbeit auf *(Abb. 3)*. Claire legt zunächst ein Rastersystem über den Scherbenhaufen, ähnlich jenen bei archäologischen Ausgrabungen, und bereitet so die Identifizierung und Katalogisierung der Fragmente vor. Die meisten der Glasgefäße sind wohl unwiederbringlich zerstört, doch wir lassen uns nicht entmutigen. In monatelanger unermüdlicher Puzzlearbeit sortieren wir Scherben zusammen, die zum selben Gefäß gehören. Im Juni 2021 beginnt die zweite Phase der Mission, und unter Claires geschickten Händen entstehen die ersten zehn Glasgefäße wieder.

Mitte 2021 startet ein weiteres gemeinsames Projekt, diesmal in Zusammenarbeit mit der Fakultät für Ingenieurwesen und Architektur der AUB. Mit der Einrichtung eines Inkubators für digitales Kulturerbe (DITCH) wird Pionierarbeit bei der Erstellung virtueller 3D-Rekonstruktionen von beschädigten Glasgefäßen

geleistet. Das Ziel ist es, die mit dem manuellen Zusammenfügen verbundenen Fehlerquellen zu minimieren; mithilfe von Hologrammen und 3D-Druckern werden Modelle der zu restaurierenden Gefäße erstellt. Ein Meilenstein auf diesem Weg ist eine Masterarbeit von Rabab Kawtharani, die vorführt, wie maschinelles Lernen für die Entwicklung virtueller 3D-Rekonstruktionen eingesetzt werden kann.[1]

Darüber hinaus beginnt eine Zusammenarbeit mit der Fakultät für Physik der AUB und dem Science and Technology in Archaeology and Culture Research Center (STARC) am Cyprus Institute. Diese konzentriert sich auf die stoffliche Analyse von Glasfragmenten und soll weiteres Licht in die Herkunft und Datierung dieser Glasrelikte bringen und eine Wissenslücke schließen, die sich aus dem weitgehenden Fehlen chemischer Analysen von Glasobjekten im Libanon ergibt. Unser interdisziplinäres Team setzt tragbare Röntgenfluoreszenzgeräte (XRF) und Rasterelektronenmikroskopie mit Energiedispersionsspektroskopie (SEM-EDS) ein, um diese innovativen Untersuchungen durchzuführen.

Eine glückliche Fügung führt uns zu Stephen Koob, der kurz zuvor als leitender Restaurator des Corning Museum of Glass in New York in den Ruhestand gegangen war. Als Koob über die Medien von der Situation in Beirut erfährt, bietet er uns spontan

1 Rabab Kawtharani: Automatic Reconstruction of Glass Relics Using Manifold Learning, Masterarbeit AUB, Beirut 2024.

Abb. 3
Sichtung eines Scherbenfeldes: Mitarbeiter des Museums bei der Puzzlearbeit nach der Explosion.

Abb. 4
Die Narben der Resilienz: Die Ausstellung «Shattered and Restored» zeigt die restaurierten Glasartefakte im neuen Licht.

seine Unterstützung an. Während eines zweiwöchigen Aufenthalts an der American University of Beirut restauriert er gemeinsam mit Claire Cuyaubère sechs weitere zerbrochene Glasartefakte.

Unmittelbar nach der Explosion meldete sich der ehemalige Direktor des British Museum, Hartwig Fischer, und die Kuratoren James Fraser und Zeina Klink-Hoppe, eine Absolventin der AUB. Trotz der Reisebeschränkungen, die die sofortige Entsendung eines Teams verhindern, bieten sie umfassende Unterstützung an. Im Juni und Juli 2021 identifizieren wir acht Gefäße, deren Fragmente für den Transport nach London vorbereitet werden. Von März bis Juli 2022 werden die Scherben unter der Leitung des Konservators des British Museum, Duygu Çamurcuoğlu, von der wissenschaftlichen Forschungsabteilung des British Museum und mit Unterstützung der European Fine Art Foundation (TEFAF) einer gründlichen Analyse unterzogen. Anschließend werden sie sorgfältig wieder zusammengefügt und mit dem Konservierungskleber Paraloid® B72 behandelt. Bei der Restaurierung legten wir besonderen Wert darauf, die Bruchfugen und fehlenden Partien der Gefäße nicht unsichtbar zu machen, da sie als Narben gleichermaßen das Trauma der Gefäße und ihre Heilung symbolisieren. Die acht Gefäße werden anschließend in einer Ausstellung im British Museum präsentiert.

Wir verwenden Filmmaterial in Zeitlupe, das auf Banner über der zentralen Vitrine projiziert wird, um die Wucht der Explosion visuell darzustellen. Die Gefäße, die die Trauer und die Widerstandsfähigkeit des Libanon zeigen, werden mit faseroptischem Licht beleuchtet. Die Ausstellung «Shattered Glass of Beirut» zieht mehr als 43 000 Besucher an.

Anschließend kehren die Gefäße nach Beirut zurück und bilden – vereint mit achtzehn weiteren, die vor Ort sorgfältig restauriert wurden – das Herzstück der Ausstellung «Shattered and Restored» an der AUB, die im Mai 2023 eröffnet wird. Die Ausstellung ist in zwei Bereiche unterteilt, von denen jeder auf seine Weise die Resilienz einer Stadt widerspiegelt, die zwar verwundet, aber nicht vernichtet ist. Eine Vitrine mit der Legende «Archäologie der Abwesenheit» verweist auf die Gefäße, die bislang nicht restauriert werden konnten. Etiketten markieren die Leerstellen, die die zerstörten Artefakte hinterlassen haben, und sind gleichzeitig ein Tribut an die Todesopfer der Hafenexplosion. Ihnen gegenüber stehen die restaurierten Gefäße, die durch eine Anordnung von Spiegeln reflektiert und vervielfältigt werden *(Abb. 4)*.

Was als Reaktion auf die Tragödie Beiruts begann, hat sich zu einem Zeugnis für die transformative Kraft von Engagement, Zusammenarbeit und Solidarität entwickelt. Zerbrochenem Glas wurde neues Leben eingehaucht, und das steht für so viel mehr als nur für die Geschichte einer archäologischen Restauration. Die Wiederherstellung dieser jahrtausendealten Gefäße war ein Sieg über die Widrigkeiten, ein Triumph des Durchhaltevermögens im Angesicht der Zerstörung, ein Schrei aus Beirut, einer Stadt, die unzählige Stürme überstanden hat und jedes Mal gestärkt daraus hervorging. Inmitten der Trümmer ihrer turbulenten Geschichte stehen die reparierten Gefäße wie ein Leuchtturm der Hoffnung, eine Erinnerung an die ungebrochene Kraft des menschlichen Geistes zum Neuanfang und Weiterleben.

Aus dem Englischen von Daniel Schönpflug

Bildnachweis:
Abb. 1 und 2: © AUB Archaeological Museum. – Abb. 3 und 4: © Nadine Panayot – AUB Archaeological Museum.

Yvonne Albers

Flamme der Gegenwart

Über Mawaqif, eine Zeitschrift in Beirut

Die Amerikanische Universität in Beirut, gegründet 1866 und eine der führenden Universitäten im Nahen Osten, gleicht einer wellenförmigen Landschaft, die in Hügeln zur Küste sanft abfällt. Gewundene Wege führen zwischen alten Bäumen und Oleandersträuchern zu Gebäuden, die sich wie zufällig im Grün verteilen. Dieser schöne Ort scheint, in scharfem Kontrast zur ihn umgebenden Stadt, von den Unruhen des arabischen 20. Jahrhunderts verschont geblieben zu sein.

Mit dem Meer im Rücken sitzen Walid Sadek und ich auf einer der vielen Parkbänke. Es ist der Herbst des Jahres 2012, und wir sind in die Betrachtung einer Zeitschrift vertieft. Walid ist ein bildender Künstler und Essayist. Er gehört einer Künstlergeneration an, die nach dem Ende des libanesischen Bürgerkriegs die Erinnerung zum Mandat der Kunst und das Archiv zum Schauplatz machte. Walid hat für mich die erste Ausgabe der Zeitschrift *Shi'r* (Dichtung) von 1958 aus der Bibliothek seines Vaters, des Malers Pierre Sadek, mitgebracht. Sein Vater hüte, so Walid, die kompletten Jahrgänge von *Shi'r*, denn er habe in den Sechzigern der Gründergruppe von Künstlern und Autoren um die Poesiezeitschrift angehört. Walid hält die Ausgabe aufgeschlagen auf seiner linken Handfläche. Eine Hand genügt, denn ihr Taschenformat ist unkonventionell klein für ihre Zeit. Der Zeigefinger der rechten Hand gleitet über das Inhaltsverzeichnis. Die Namen sind uns vertraut, es sind heute kanonische Dichter und etablierte Autoren, damals waren sie Newcomer. Walid blättert, liest aus einem Gedicht zwei Zeilen vor. Er steckt seine Nase in den Falz und riecht in die alten Seiten, als suche er nach anderen sinnlichen Zugängen zu einer versunkenen Zeit. Dann schlägt er die Ausgabe wieder zu, und wir betrachten das senfgelbe Cover. Der ikonische Titelschriftzug hat die ornamentale arabische Kalligrafie weit hinter sich gelassen und ist in einem sachlichen Layout in strengen, modernen Linien gesetzt. Unter dem Titel findet sich die Nummer der Ausgabe und eine Grafik, die mit den drei Buchstaben des Zeitschriftennamens spielt. «So etwas», sagt Walid, «gibt es heute einfach nicht mehr.»

In Wirklichkeit waren Walids Hände damals leer. Da war keine Zeitschrift, kein vergilbtes Papier. Wir hatten uns die berühmte Ausgabe, ihr schmales Format, ihr schlichtes Design, ihren süßlichen Geruch nach über fünfzig Jahren nur imaginiert. Manche Zeitschriften braucht man nicht einmal in Händen zu halten, damit sie ihre Suggestivkraft entfalten, denn sie archivieren etwas weit Feinstofflicheres als Namen, Theorien oder Texte: die Stimmung einer Zeit.

Die Zeit und ihre Zeitschriften, denen Walid nachtrauerte, drängten im Nahen Osten – wie in Europa, aber unter den Vorzeichen der Dekolonisierung – nach nicht weniger als Revolution und Aufbruch. Sehnte man sich als junger arabischer Intellektueller der sechziger Jahre nach diesem Reizklima, führten alle Wege nach Beirut. Damals war die libanesische Hauptstadt, so schreibt Elias Khoury, ein «Zentrum in der Peripherie»,[1] in dem arabische Aktivisten, Künstler, Schriftsteller und Intellektuelle aufeinandertrafen. Viele hatten Zensur und Repression aus Staaten wie Syrien, Ägypten und Irak vertrieben. Der wenig repressive libanesische Staat war auch dank schwach ausgebildeter Zensurschranken ein Laboratorium für weltanschauliche Strömungen der vielfältigsten Art: Hier trafen Nationalisten, Kommunisten und Liberale, die in Politik und Literatur um Deutungshoheit kämpften, auf eine Neue Linke, die sich mit Marx noch einmal munitionierte. CIA, Mossad und KGB mischten sich unters Volk. Junge Wilde aus der ganzen Welt wollten in dieser Zeit nach Beirut, um Politik und Party zu machen. Die Stadtguerilla aus dem Westen, auch spätere Kader aus der Kommandoebene der RAF, sonnte sich an der Uferpromenade, der Corniche, gleich neben dem internationalen Jetset. Mondäner Lifestyle trieb hier schönste Blüten, und die westliche Kulturindustrie steuerte die passenden neo-orientalistischen Phantasmen bei: Bevor ab 1975, mit dem Ausbruch des Bürgerkriegs, ausgebombte Renaults zu Wahrzeichen dieser Stadt wurden, imaginierte das europäische Kino in Streifen wie «In Beirut sind die Nächte lang» (1965), prominent besetzt mit Lex Barker, den Kalten Krieg *à l'orientale.*[2]

Der transarabische *Brain Gain* traf in Beirut auf eine lange lokale Tradition im Bereich des Druckwesens. Zu jener Zeit, so sagt man, wurden im Libanon mehr Zeitschriften gedruckt, als gelesen werden konnten. Die zwischen 1968 und 1994 erschienene Kulturzeitschrift *Mawaqif* (auf Deutsch «Positionen» oder

1 Elias Khoury: For a Third Nahda (übers. von Max Weiss), in: Arabic Thought against the Authoritarian Age: Towards an Intellectual History of the Present, hg. von Jens Hanssen/Max Weiss, Cambridge 2018, S. 364.

2 Im Original: 24 Hours to Kill (United Kingdom, 1965). Andere Beispiele vom beliebten «Set Beirut» im Eurospy-Film: Agent 505 – «Todesfalle Beirut» (Deutschland/Italien/Frankreich, 1966); «Agente segreto – Operazione 777» (Italien, 1964); «Le spie uccidono a Beirut» (Italien, 1965); «Where the Spies Are» (United Kingdom, 1966); «Only When I Larf» (United Kingdom, 1968).

«Standpunkte») war eine von ihnen. Sie wurde sowohl in der arabischen Welt als auch in ihrer Diaspora aufmerksam gelesen. Als intellektuelle Zeitschrift, die ein Spektrum von Debatten, Theorien, Literaturen und – in begrenztem Maße – visueller Kunst publizierte, war sie kein Massenblatt, sondern erreichte mit ihrer relativ stabilen Auflage von etwa 2000 Exemplaren eine kleine internationale Leserschaft.[3] Der syrische Dichter Adunis hatte sie als Folgeprojekt der von ihm mitherausgegebenen und im Prolog dieses Textes imaginierten Zeitschrift *Shi'r* gegründet, deren Redaktion er 1964 im Unfrieden verlassen hatte. Nach nur wenigen Jahren wurde *Mawaqif* getragen von den hervorstechendsten intellektuellen und literarischen Stimmen des späten arabischen 20. Jahrhunderts.[4]

Erstmals erschienen war die Zeitschrift im Herbst 1968. Für Europas Straßen und Universitäten war es bekanntlich ein Jahr der Revolte, in dem auch die Studierendenproteste im Libanon einen Höhepunkt erreichten. Dabei konnten die Initialzündungen des Protestes im Westen und in Beirut nicht unterschiedlich genug sein. War es in der Bundesrepublik am 2. Juni 1967 die Erschießung des Studenten Benno Ohnesorg im Gefolge der Demonstrationen gegen den Besuch des Schahs von Persien, der die Studierenden auf die Straße trieb, so im Libanon nur wenige Tage später eine weltpolitische Erschütterung ganz anderer Art. Die Niederlage gegen Israel im Sechstagekrieg (im Arabischen als *Naksa*, Rückschlag, bezeichnet) im Juni 1967 traf den Großteil der linken Intelligenz hart und völlig unvorbereitet. Das Gebot der Stunde lautete Selbstkritik. Für das Fiasko des militärischen Bündnisses von Ägypten, Syrien und Jordanien machten arabische Intellektuelle nicht nur die politische Führung, sondern den arabischen Mindset verantwortlich.

Politische Urteilskraft ist eine Frage von Timing, und auch das intellektuelle Sensorium einer Zeitschrift beweist sich nicht zuletzt in der «Kunst des rechten Augenblicks»:[5] Unter der Gründungsredaktion von Adunis und Khalida Said, der syrischen Literaturkritikerin und Frau des Dichters, stilisierte *Mawaqif* den Moment von 1967 zur arabischen Zeitenwende. Diese radikale Position der Selbstbefragung alter Gewissheiten bezog die junge Zeitschrift rigoroser als alle anderen und besetzte so als intellek-

3 Damit umfasst die Auflagenhöhe ungefähr die «Lyrik-Quote», mit der Hans Magnus Enzensberger einmal die Kernleserschaft der Intelligenzblätter umschrieben hat.

4 Neben Adunis und Khalida Said sind zu nennen: der libanesische Soziologe Halim Barakat, der syrische Philosoph Sadiq Jalal al-Azm, der libanesische Maler und Kunstkritiker Samir Sayegh, der palästinensische Künstler Kamal Boullata, die jordanische Bildhauerin Mona Saudi, der libanesische Journalist und Schriftsteller Elias Khoury, die palästinensischen Literaturwissenschaftler Kamal Abu Deeb und Edward Said, die marokkanischen Schriftsteller Mohammed Bennis und Abdellatif Laabi, der libanesische Journalist und Schriftsteller Abbas Beydoun.

5 Vgl. Roman Léandre Schmidt: Lettre internationale. Geschichte einer europäischen Zeitschrift, Paderborn 2017, S. 214.

tuelles Leitorgan der Revision alter Wahrheiten 1968 eine bis dahin vakante Nische in Beiruts dicht gedrängter Zeitschriftenlandschaft. *Mawaqif* erweiterte den Ruf nach schonungsloser Selbstkritik zu einer Aufgabe, die Denken und Künste gleichermaßen betraf und eine fundamentale Infragestellung der arabischen Moderne voraussetzte. Im ersten Editorial von 1968 ruft sich die Zeitschrift selbst als «Kultur-Revolution» aus. Denn um nichts Geringeres als eine Revolution durfte es jetzt gehen, das war die unbedingte Forderung der Zeit. Die Herausforderung bestand allerdings darin, den machtvollen Begriff aus seiner staatlich lizensierten Verankerung im Nasserismus zu lösen, der dem Begriff «arabische Revolution» (im Sinne einer Revolution «von oben») seit dem ägyptischen Militärputsch von 1952 einen autoritären Beigeschmack gegeben hatte. *Mawaqif* beteiligte sich an dem Bestreben der Neuen Linken, als deren kulturelle Speerspitze sie auftrat, den Begriff wieder «nach unten» zu sozialisieren und konkret an den palästinensischen Widerstandskampf zu binden, der seit dem Junikrieg alle linken Hoffnungen vereinte. In ihrer 6. und 7. Ausgabe der Jahre 1969/70 wagte sich die Zeitschrift mit einer Intervention in die hochexplosive Debatte: Sie lud tonangebende linke Autoren ein, über die heikle Frage der zukünftigen arabischen Führungsmacht nachzudenken, die viele von ihnen, darunter die Marxisten Sadiq Jalal al-Azm und Yassin Hafez, nun nicht mehr uneingeschränkt in den Händen Ägyptens sahen. Kritik an Nasser und seinem Führungsanspruch war zum Zeitpunkt der Ausgabe im öffentlichen Diskurs allerdings noch tabu: Umgehend wurden die entsprechenden Ausgaben von *Mawaqif* in Ägypten verboten und trugen umgekehrt gerade deshalb zum rebellischen Ruhm der Zeitschrift bei.

Als freies radikales Blatt zu gelten kam *Mawaqif* nur zugute, und die Redaktion legte unmittelbar im Anschluss eine Ausgabe nach, die ihrem Credo der Selbstkritik endgültig den Anschein von Lippenbekenntnis und Literatenpolitik nehmen sollte: Noch im selben Jahr 1970 – als im Zuge des Schwarzen September die PLO ihre Kommandozentrale in den Libanon verlegt – brachte sie ein Schwerpunktheft zur palästinensischen Widerstandsbewegung heraus. *Mawaqifs* Redaktion bekundete hierin ihre volle Unterstützung, aber auch ihre Weigerung, die PLO zu sakralisie-

6 Naji Alloush: 'An jadal al-fikr wa-l-mumarisa (Zur Dialektik von Denken und Praxis), in: Mawaqif 8 (1970), S. 6.

7 Mahmoud Rimawi: Masha'ir filastiniyya (Palästinensische Gefühle), in: Mawaqif 8 (1970), S. 28.

Abb. 1
Gruppenbild der legendären Zeitschrift «Shi'r». Obere Reihe: Nazik a-Mala'ika (2. v. l.), Salma Khadra al-Jayyusi (4. v. l.); Mittlere Reihe: Shauqi Abi Shaqra, Muhammad al-Maghout, Fouad Rifka, Adunis, Fadwa Touqan. In vorderster Reihe der Zeitschriftengründer Yussuf al-Khal.

ren. Die PLO reagierte wenig begeistert: Die Ausgabe kam zu einem Zeitpunkt, als die Widerstandsbewegung zwar große Popularität und Rückhalt in der arabischen Bevölkerung genoss, aber mit inneren Friktionen rang – die auch ihren Ausdruck in der Zeitschrift fanden. Naji Alloush, ein hoher Funktionär der Fatah, nahm in seinem Beitrag die Zaungast-Rhetorik der Redaktion direkt ins Visier: Diese Pseudointellektuellen, die man heute zuhauf in Beiruts Cafés anträfe, von wo aus sie den Widerstand analysierten, aber für ihre Überzeugungen noch nicht eine einzige Nacht im Gefängnis verbracht hätten, seien nichts als «Witzfiguren und Schwätzer».[6] Die aktivistische Gretchenfrage der Zeit lautete: «Waffe» oder «Feder»? Der junge palästinensische Journalist und Schriftsteller Mahmoud Rimawi seinerseits beantwortete sie in düsterer Selbstbetrachtung: «Frag irgendein palästinensisches Kind, es ist ein besserer Mensch als ich.»[7]

Die Zeitschrift stand in ihrer ersten Publikationsphase von 1968 bis 1975 für einen neuen, die politischen Lagergrenzen überspannenden Radikalismus: *Mawaqif* veröffentlichte einige der gewagtesten literarischen Texte der Zeit, bot staatlich verfolgten Autoren Schutzraum und Bühne und brachte, unter anderem mit Übersetzungen im Westen angesagter marxistischer Starautoren wie Herbert Marcuse oder den Dutschke-Freund Henri Lefebvre, ihren spezifischen revolutionären Ton in Einklang mit dem Sound einer internationalen Linken. Arabische Zeitgenossen fanden für Beiruts jüngste ökonomische und kulturelle Blütephase – in Anlehnung an die Aufbruchsphase der Jahrhundertwende – bald eine sinnstiftende Bezeichnung: Es war ihre zweite *Nahda*.[8]

Der Ausbruch des libanesischen Bürgerkrieges im Jahr 1975 setzte dieser zweiten *Nahda* ein jähes Ende. Bereits 1976 wurde Beirut in einen westlichen, muslimisch dominierten und einen östlichen, christlich dominierten Sektor geteilt. Zwischen ihnen verlief die *Green Line*, eine unsichtbare, aber tödliche Grenzlinie. Auch Beiruts Publikationswesen, das bislang im Zentrum verortet war, wurde gezwungen, sich in der nun geteilten Stadt sichere Orte zu suchen. Periodische Zeitschriftenpublizistik wurde zu einer Herausforderung: Der Krieg unterbrach etablierte Kommunikationskanäle, er forderte Opfer, trieb ins Exil und ließ angesichts täglicher Nöte die Nachfrage stark zurückgehen. Der ehemals aktive Widerstand der revolutionären Intellektuellen und ihrer Zeitschriften erhielt eine neue Bedeutung: als ein passiver Widerstand, als Ausharren unter unwirtlichsten Bedingungen. *Last Journal standing.*

Aus der Zeitschrift, die kriegsbedingt für drei Jahre das Erscheinen einstellen musste, war 1978 der revolutionäre Überschwang verschwunden. War literarische und kritische Arbeit im neuen Kriegsalltag noch möglich؟ *Mawaqif* drückte die Reset-Taste und richtete ihre Mission auf die drängende Frage aus, wie ein Dialog über die Gräben des Bürgerkriegs überhaupt noch zustande kommen konnte. «Warum zerreißen wir nicht die alten Seiten und suchen nach einer anderen Zeit, die in uns explodiert؟» Der libanesische Journalist und angehende Romancier Elias Khoury, der jetzt zu *Mawaqifs* leitenden Redakteuren zähl-

8 Als «Nahda» (Erneuerung; veraltet: Renaissance; wörtlich: Erwachen, Erheben) bezeichnet man die geistesgeschichtliche Periode von der zweiten Hälfte des 19. bis zum frühen 20. Jahrhundert, während der sich in der spätosmanischen Ära und in Konfrontation mit dem kolonialen Europa eine komplexe Debatte um Modernisierungsprozesse in Kultur, Gesellschaft und Religion entwickelte. Literaturgeschichtlich beschreibt sie die Schwellenzeit zwischen Postklassik und Moderne.

Abb. 2
Kulturrevolution aus dem Geist der Revision. Cover der Ausgabe von «Mawaqif» (Ausgabe von 1968).

te, verkündete mit diesem Satz in der ersten Ausgabe nach Kriegsausbruch den Neuanfang einer Zeitschrift, die ihre Kritik nun gegen sich selbst und die Revolutionsemphase einer, nämlich ihrer, ganzen Generation richtete. Über Khoury stieß jetzt auch der an der Columbia University lehrende palästinensische Philologe Edward Said zur Redaktion. Said arbeitete in dieser

Zeit an seinem Manuskript für *Orientalism* (1978). Kamal Abu Deeb, neuer leitender Redakteur, wurde zu einem der wichtigsten Said-Übersetzer und veröffentlichte die erste arabische Übersetzung seines Essays *Meditations on Beginnings* (1975) in jener ersten Ausgabe der neuen Folge der Zeitschrift, die so die Möglichkeit ihres eigenen Neuanfangs auslotete.

Ein weiteres einschneidendes Ereignis wurde zu einer Zäsur für *Mawaqif:* Die iranische Revolution von 1979 führte nicht nur zu Zerwürfnissen in der arabischen Linken, sondern auch in der Zeitschriftenredaktion. Eine Gruppe von Redakteuren, darunter federführend Adunis, veröffentlichte kurz nach dem Sturz Reza Shah Pahlavis eine Sonderausgabe, in der die Autoren die Revolution als erfolgreiches Aufbegehren des Ostens gegen die imperialistische Herrschaft des Westens, die der Shah in den Augen so vieler repräsentierte, lasen. Diese in der arabischen Linken – aber auch in strukturalistischen Zirkeln in Paris – verbreitete Reaktion schockierte die Marxisten: Wie konnten säkulare Denker das religiöse und nicht zuletzt reaktionäre Fundament dieser Revolution völlig ausblenden? Sadiq Jalal al-Azm verließ in der Folge die Redaktion der Zeitschrift und nahm die Iran-Ausgabe als Ausgangspunkt seines berühmten Essays *Orientalism in Reverse* (1979), einer kritischen Replik auf Said und einer Abrechnung mit all jenen, die sich selbst orientalisierten, zuvorderst Adunis. Die Ausgabe initiierte eine lebenslange Fehde zwischen dem Philosophen und dem Dichter, die einst Freunde gewesen waren und noch immer die prominentesten syrischen Denker ihrer Zeit. Der Konflikt symbolisiert noch heute in der arabischen Ideengeschichte das Schisma der arabischen Linken am Ende der siebziger Jahre. *Mawaqifs* Iran-Ausgabe steht für eine sich in diesen Jahren etablierende Lesart, die den Islam kulturalisierte und für den antiimperialistischen Diskurs salonfähig machte, zugleich aber auch die bislang gesicherten Grenzen von linker, liberaler, und religiöser Argumentation immer mehr aufweichte.

Was sonst war aus säkularer Sicht Gutes über die Religion zu sagen, unter deren Deckmantel die Gewalt und der Terror immer weiter eskalierte? Beiruts Zeitschriftenmacher empfanden den blutigen Bürgerkrieg, der sich zunehmend zum internationalen Stellvertreterkrieg auswuchs, als Krieg der Anderen.[9] Man habe

9 Eine Auseinandersetzung mit der eigenen Verantwortung an der eskalierenden Gewalt, für das exemplarisch das Massaker von Damour (1976) steht, wird in der libanesischen Linken erst in der Nachkriegszeit einsetzen.

sich, so eine wiederkehrende Formel, als Intellektueller «außerhalb des Kriegs» befunden. Die Paradoxie bestand in einer Gegenwart, die keine andere Widerstandspraxis mehr übrig ließ als den Versuch, weiter zu schreiben, weiter zu publizieren, weiterzuleben. «Wir schreiben, also beginnen wir», so der unermüdliche Elias Khoury im Editorial von *Mawaqif* 45 (1983), der ersten Ausgabe nach der israelischen Invasion Beiruts und dem Massaker christlicher Milizen in den palästinensischen Flüchtlingslagern Sabra und Shatila im September 1982. «Wo die Dinge enden, müssen wir beginnen.» «Sag uns, Flamme der Gegenwart», fragt Adunis einige Seiten später im Gedicht *Die Zeit*, «was sollen wir sagen؟ (…) Was verengt das Tor zum Alphabet؟»

Nicht zufällig wandte sich *Mawaqif* im selben Zeitraum einer Dialektik von innen und außen auch im Hinblick auf die Kritik zu. Die kriegstreibende Rhetorik im Libanon offenbarte deutlicher denn je die Sprache als kompromittiert und der Gewalt mitschuldig, und just da fanden arabische Studierende an französischen Universitäten das passende Theoriebesteck: Spätestens ab den frühen Achtzigern wurde die Zeitschrift zu einem Einfallstor und Scharnier der arabischen Rezeption des (Post-) Strukturalismus. Auf ihren Seiten lernte der Leser im Mashriq, dem arabischen Osten,[10] so erstmals in Übersetzung den algerischen Historiker Muhammad Arkoun kennen, der die Foucault'sche Diskursanalyse auf die Episteme der islamischen Geistesgeschichte anwendete.[11] Die Zeitschrift etablierte sich jetzt außerdem als Zentrum einer literaturkritischen Debatte um die Neue Kritik *(al-naqd al-jadid)*, die sich mit der zeitgenössischen französischen Literaturtheorie auseinandersetzte und vor allem Barthes, aber auch Derrida, Todorov und Meschonnic übersetzte. Den Literaturkritikern in *Mawaqifs* Redaktion gab die strukturalistische Methode endlich ein Werkzeug an die Hand, um die durch Jahrhunderte sedimentierten mythologischen und religiösen Tiefenschichten der arabischen Sprache freizulegen, auf denen das gegenwärtige Schreiben, letztlich die Gegenwart als solche, sich vollzog.[12] Den Nullpunkt der arabischen Literatur genau jetzt zu suchen, schien zwingend: Der Krieg enthüllte den *hors-texte* als Illusion. Sprache war nicht länger unschuldig.

10 Der Mashriq (wörtlich: «Ort, an dem die Sonne aufgeht») bezeichnet im arabischen Sprachgebrauch den Teil der arabischsprachigen Welt östlich Libyens (d. h. Ägypten, die Staaten der Levante, bedingt auch die Golfstaaten). Sein Gegenbegriff ist der Maghreb (wörtlich: «Ort, an dem die Sonne untergeht»), der die Staaten westlich (und einschließlich) Libyens umfasst.

11 So erschienen erstmals in arabischer Übersetzung in Mawaqif 35 (1979) Auszüge aus Arkouns «L'Islam hier et demain» (Paris 1978; in der Übersetzung von Hashim Saleh).

12 Kamal Abu Deeb/Elias Khoury/Khalida Said/Samir Sayegh: An-naqd al-'arabi wa afaq an-naqd al-jadid (Die arabische Kritik und Horizonte einer Neuen Kritik), in: Mawaqif 41/42 (1981), S. 13–38.

Um zwei Wahrheiten wissen Redakteure allzu gut: Der Tod ist jeder neuen Zeitschrift schon an der Wiege gesungen; und nichts im Leben erfordert mehr Kraft als das Weitermachen. 1984 gaben Adunis und Khalida Said das Ende ihrer Zeitschrift bekannt, die es inzwischen auf immerhin sechzehn Lebensjahre gebracht hatte. Zwei Jahre später emigrierte das Paar in die arabische Exilhauptstadt Paris. Dort ließ es sich bald von der Exilgemeinschaft überzeugen, die berühmte Zeitschrift wiederzubeleben. *Mawaqifs* Redaktion verlor nun viele der alten Beiruter Herausgeber, gewann aber zahlreiche in Paris Gestrandete dazu, davon viele aus dem Maghreb. «Bis Beirut wieder aufersteht», heißt es in ihrer neuen ersten Ausgabe von 1988, wolle man das Exil nutzen, um die arabische Welt als Ganze in den Blick zu nehmen.

Dieses Exil entwickelte sich einige Jahre später, in den frühen neunziger Jahren, innerhalb der arabischen Diaspora selbst zu einer Trope, an der Kritik neu definiert wurde. Edward Said beschrieb es 1993 als den kritischen Distanzzustand schlechthin.[13] Der saudische Schriftsteller Abd ar-Rahman Munif notierte 1992, dass der Exilierte seine Heimat erst im Exil wirklich kennenlerne.[14] Für Munif besetzt er unfreiwillig eine dialektische Position: Für die, deren Land er aufgesucht hat, müsse er seine Heimat repräsentieren, während er seine Zeitgenossen daheim davon überzeugen müsse, «dass er sie nicht verlassen hat, dass er immer noch unter ihnen lebt.»[15] Nichts anderes versuchte auch *Mawaqif:* Die Redaktion war bemüht, die neue Pariser Wirklichkeit fernab des alten Brennpunkts Beirut für ihre mehrheitlich in der arabischen Welt lebende Leserschaft so unkenntlich wie möglich zu machen. Das zeigte sich etwa in ihrer großen Ausgabenreihe 1991/92 zur Frage der Identität *(al-huwwiyya)*, jenes neuen akademischen Trendbegriffs im westlichen Theoriediskurs, der einige Jahre später zum viel diskutierten Konzept auch im arabischen Diskurs werden würde. In diesen noch jungen Tagen der Debatte zeigten sich die Autoren in *Mawaqif* stark uneins, was den theoretischen Erkenntnisgewinn und die politischen Folgekosten der Identität anging: War die «arabische Identität» ein fruchtbares Konzept im Zeitalter von Postnationalismus und Posthistoire – oder nur die laue Wiederauflage einer hundertjährigen Debatte um kulturelle Selbstbehauptung gegenüber dem

13 Edward W. Said: Representations of the Intellectual: The 1993 Reith Lectures, New York 1996. Auf Deutsch erschienen als: Götter, die keine sind. Der Ort des Intellektuellen, Berlin 1997.

14 Abd ar-Rahmān Munif: Al-katib wa-l-manfa, Beirut 1994. Auf Englisch erschienen als: Writer and Exile, übers. von Sonja Mejcher-Atassi und Iman al Kaisy, in: Journal of World Literature 3,4 (2019), S. 497–511.

15 Ebd., S. 504.

Westen؟ In verhaltenem Ton und verborgen unter der Theoriediskussion beschäftigte die Exilautoren unter den Beitragenden aber noch eine andere Frage: Welcher Gemeinschaft gehörte der emigrierte arabische Intellektuelle, der sich daheim mit Autokratie und religiösem Fundamentalismus und im Exil mit einer wachsenden europäischen Islamophobie konfrontiert sah, noch an؟

Schreibt der Exilierte, so Munif, über seine Heimat, so kann er nicht anders, als über eine Utopie oder eine Erinnerung zu schreiben, niemals aber erreicht er die wirkliche Heimat, ihre Gegenwart im Moment des eigenen Schreibens.[16] Auch *Mawaqif* erreichte diese Gegenwart nicht mehr. Die gewaltsamen Erschütterungen im letzten Jahrzehnt des arabischen 20. Jahrhunderts, allen voran der zweite Golfkrieg, spürte der Leser höchstens noch in den literarischen Sektionen der Zeitschrift. Stattdessen verdrängte jetzt ein stark akademisierter Habitus den unbedingten Gestus der Kritik und steter Selbstbefragung, der die Zeitschrift in Beirut noch ausgezeichnet hatte. Die Zeitschrift hatte Beirut verlassen, aber Beirut nicht sie. Die Stadt war nach 1988 in *Mawaqif* als Gegenwart nicht mehr erkennbar, sehr wohl aber als Wunde, die ihre jüngste Geschichte hinterließ.

Doch auch wenn sich die Welt verändert hatte, blieb *Mawaqif* in ihrem Anachronismus der späten Pariser Jahre ein Spiegelbild der geistigen Situation und der Stimmung einer transarabischen Intellektuellengeneration, die sich im revolutionären Aufbruch der Beiruter Sechziger politisierte, den Bürgerkrieg durchlebte, angesichts des Aufstiegs des Islamismus und des Scheiterns der arabischen Linken ihren Glauben verlor und die schließlich ins Exil ging, und sich von hier neue Sichtachsen erhoffte. Als erklärte Erben der ersten und Zeitgenossen der zweiten *Nahda* hatte diese Generation an die Macht des Wortes geglaubt, ihre Hoffnung in Zeitschriften gesetzt und in Beirut vorgefunden, was es für ihre Utopie der Moderne brauchte.

«So etwas gibt es heute einfach nicht mehr.» Walid Sadek meint mit diesem Satz nicht nur den Untergang der Printzeitschrift in der digitalen Ära: den Geruch des Zuckers, der sich aus den papiernen Seiten löst, das Mid-Century-Design, das sich heute in den kleinen Kunstbuchläden der designaffinen Haupt-

16 Ebd., S. 505.

stadt wiederfindet und das nostalgisch an eine Vorkriegszeit erinnert, in der Beirut der Nabel der Welt war. Aus ihm spricht auch der Nachgeborene einer nur knapp versäumten Zeit, die im Nahen Osten, nicht anders als im Rest der Welt, keine intellektuell befeuerndere Arbeit kannte als das Zeitschriftenmachen. Zeitschriften wie *Shi'r* oder *Mawaqif* sind keine Ruinen gescheiterter Ideen, auf die sich gnädig der Staub gelegt hat. Zeitschriften halten ihre Gegenwart auch in all ihren Widersprüchen, Illusionen und hybriden Träumen fest. In ihnen überlebt die Stimmung einer Zeit, deren intellektuelle Intensität heute neue Sehnsüchte weckt. Es war eine Zeit, als man sich auch in Beirut sicher war, dass Zeitschriften nicht nur am Protokoll der Gegenwart mitschreiben, sondern sie in jeder Ausgabe radikal umschreiben.

Bildnachweis:
Abb. 1: © Bar Nelson. –
Abb. 2: © Adunis.

Jad Tabet

Die Fassaden der arabischen Moderne

Auf der Suche nach dem Architekten Antoine Tabet

Diese Erzählung über meine Herkunft folgt ihren eigenen Gesetzen: Sie unterscheidet sich von einer konventionellen Biografie und der diesem Genre eingespeisten linearen Chronologie, da sie unverhohlen das Leben rückwärts erzählt. Entsprechend ist sie stark von den Stimmungen der eigenen Zeit geprägt, sowohl von kollektiven Vorstellungen als auch von individuellen Projektionen. Sie beansprucht keinerlei Vollständigkeit, nicht nur, weil Zeitzeugen bekanntlich als historischer Quelle nie so recht zu trauen ist, sondern auch, weil viele von ihnen längst verschwunden sind oder Spuren im Sand verlaufen. Auch wurde mir beim Schreiben allzu deutlich, dass die Erzählung des Lebens eines anderen ein notwendiger Umweg werden kann, um sich selbst besser zu verstehen, und gleichzeitig eine Möglichkeit, Dingen eine Stimme zu geben, die bislang keinen Zugang zur Sprache und zum Erzählen hatten.[1] In diesem verwickelten Sinn sah ich mich – mehr als fünfzig Jahre nach seinem Tod – dazu veranlasst, mich mit der Geschichte meines Vaters Antoine (oder Antoun) Tabet näher zu beschäftigen.[2]

Mein Vater starb, als ich zwanzig Jahre alt war. Es war die Zeit der *Sixties*, die Zeit der Revolutionen. Eine Welt ging zu Ende, eine andere wurde gerade aus der Taufe gehoben: die erste Herztransplantation, der erste Mensch im Weltraum. Wir tanzten zu den Klängen der Beatles und feierten die Einführung einer kleinen Pille, die unser Sexual- und Liebesleben fundamental liberalisieren sollte. Die letzten Kolonien Afrikas waren gerade unabhängig geworden. Kuba schien sich aus einem Paradies der Kasinos und der Prostitution für einen Augenblick in ein Leuchtfeuer der Weltrevolution zu verwandeln. Algerien feierte das Ende von mehr als einem Jahrhundert der Knechtschaft, und vietnamesische Kämpfer in Sandalen boten auf Reisfeldern dem amerikanischen Imperium die Stirn.

Ein revolutionärer Mai lehrte uns in der Phantasie, das Unmögliche zu fordern. Nach der katastrophalen Niederlage der arabischen Armeen im Junikrieg von 1967[3] richteten wir all unsere Hoffnung auf eine umfassende palästinensische Revolution,

1 Dominique Viart: Filiations littéraires, in: Ecritures contemporaines 2 (1999), S. 115–139.

2 Jad Tabet: Lubnan al bidayat fi sirat muthaqaf hadathi (Der Libanon der Ursprünge in der Biografie eines modernen Intellektuellen), Beirut 2023.

3 Dieser Krieg ist im Hebräischen auch als Sechstagekrieg und im Arabischen unten den Namen «hazima» oder «naksa» bekannt.

die nach unserer eigenen kleinen Dominotheorie alle korrupten Regime der Region im Handumdrehen gleich mit stürzen würde. Wir wollten die Welt verändern, glaubten fest daran, dass wir Geschichte schreiben würden, und wollten nichts mehr mit einer Vergangenheit zu tun haben, die uns belastete und in der wir uns nicht mehr wiedererkannten. «Lauf, Genosse, die alte Welt verfolgt dich…!»

Sehr bald jedoch wurde unser unbekümmerter Eifer vom Veto der Wirklichkeit eingeholt. Der fünfzehn Jahre dauernde Bürgerkrieg im Libanon lehrte uns, dass man die Ängste und Atavismen der Clans, die in den Erinnerungen der verfeindeten Stämme konserviert waren und nun neu aufflammten, auf Dauer wohl nicht ungestraft ignorieren kann. Die quälende Rückkehr einer Gewalt, die ihre Berechtigung in immer neuen zerstörerischen Spiralen aus sich selbst schuf, sollte nach und nach den Schleier unserer Illusionen zerreißen.

Bereits mehr als ein Jahrhundert zuvor, von 1840 bis 1860, hatte eine Reihe von Auseinandersetzungen zwischen verschiedenen Volksgruppen die libanesischen Berge mit einer Blutspur überzogen. Damals kam es zu Massakern an der Bevölkerung, zur Zerstörung von Dörfern und zur Flucht der Bewohner. Zur Beendigung der Auseinandersetzungen wurde dem Libanon auf Druck der europäischen Mächte ein Sonderstatus innerhalb des Osmanischen Reiches verliehen. Nach dem Ersten Weltkrieg schürte die Gründung des Großlibanon unter französischem Mandat die Illusion, dass die Gewalt zwischen den Gemeinschaften ein für alle Mal an ihr Ende gelangen würde. Entsprechend weigerte sich der 1943 unabhängig gewordene libanesische Staat, die Geschichte dieser Gewalt zu thematisieren. Wir hatten nicht verstanden, dass man die Kriege der Vergangenheit nicht unsichtbar machen darf, wenn man vermeiden will, dass sie wieder aufflackern.

Im Frühjahr 1976 brachen die ersten Gefechte des Bürgerkrieges in Beirut aus. Von Anfang an war der Krieg im Herzen der Hauptstadt zu Hause. Er beraubte sie schließlich ihres Zentrums und veränderte die Raumordnung der Stadt von Grund auf: Die Gewalt drehte gleichsam die Zeit zurück und verwischte nach und nach die sich überlagernden Spuren der Erinnerung.

Die globale Ordnung, die nach dem Zusammenbruch des Sowjetsystems und dem ersten Golfkrieg entstanden war, beendete endlich den immer sinnloser erscheinenden Krieg. Die neuen libanesischen Machthaber, eine Allianz aus Milizführern und Geschäftsleuten, die durch die Ölschwemme reich geworden waren, gründeten ihr Regime auf einer vollständigen Amnestie aller während der Kriegsjahre begangenen Verbrechen. So wurde die frühere Verdrängung traumatischer Erinnerungen durch die Amnestie von Neuem perpetuiert.

Das Vorzeigeprojekt des neuen Premierministers Rafik al-Hariri war der Wiederaufbau von *Downtown Beirut*. Auf das verwüstete Feld des alten Zentrums, das mit Bulldozern und Dynamit abgerissen wurde, projizierte er das strahlende Bild einer neuen Stadt, die mythische Darstellung einer befriedeten Welt, in der Ordnung und Wohlstand herrschen sollten. Der Bauschutt des alten Zentrums wurde zur Landgewinnung ins Meer geworfen. Auf der so entstandenen Uferpromenade sollten glitzernde Kristalltürme mit ineinandergreifenden Spitzen errichtet werden, die an die liberale Fata Morgana der Londoner Docklands erinnerten. Der mit Zerstörungswut und heftiger Immobilienspekulation verbundene Wiederaufbau des Herzens von Beirut war Ausdruck eines Willens zum absoluten Neuanfang, zu einer regelrechten Neugründung, die den alten ägyptischen Mythos des Phönix aus der Asche für Beirut reaktivierte. Die abgeräumte alte Stadt sollte gleichsam das gewaltsame Sterben aus der Stadt vertreiben und ihre Wiederauferstehung verkünden *(Abb. 6)*.

Doch die Phantasien des Wiederaufbaus verblassten schnell, und die Dämonen der Vergangenheit tauchten wieder auf. Statt eines glänzenden Neuanfangs war die Sklerose eines politischen Systems zu beobachten, das auf Klientelismus und den Privilegien einer Kaste, die alle Macht monopolisiert, der mafiösen Verwaltung der öffentlichen Finanzen und der Verschärfung der sozialen und religiösen Gegensätze beruhte. Und als im August 2020 nach der gewaltigen Explosion im Hafen die Suche nach der Verantwortung erneut auf den Wunsch stieß, alles unter den Teppich zu kehren, wurde es für mich unvermeidlich, eine lange aufgeschobene Erinnerungsarbeit in Angriff zu nehmen, um vor weiteren Illusionen der Gegenwart gewappnet zu sein.

Abb. 1
Beirut am Ende des 19. Jahrhunderts. Triptychon einer Postkartenansicht.

Aus diesem existentiellen Gefühl der Dringlichkeit heraus, aus dem Bedürfnis, endlich das Schweigen zu brechen, und unter dem unmittelbaren Eindruck der Verwüstung habe ich mich darangemacht, den Mann, der mein Vater war, wiederzuentdecken – ihn als eine Figur aus einer Schwellenzeit Beiruts zu begreifen, die ganz von den modernen Träumen ihrer Zeit geprägt war und doch immer versucht hatte, sich vom Schwarm fernzuhalten und eigene Wege einzuschlagen. Ich brach auf zu einer Reise in die Welt meines Vaters. Dabei verfolgte ich einen Ansatz, der zu den Thesen und Meinungen der großen Narrative Distanz hält und sich mehr für die «kleinen» Quellen interessiert – die alltäglichen Schriftstücke, das «Murmeln der Welt», die Seitenpfade, wie sie in Erzählungen und Familiengeschichten zutage treten. Mehr als eine geordnete Geschichte schwebte mir eine lose erzählerische Form vor – geknüpft aus privaten Fundstücken, Dokumenten, schriftlichen oder mündlichen Zeugnissen, Briefen, Zeitungen und Zeitschriften, Fotosammlungen, Reisetagebüchern, Fotoalben und persönlichen Erinnerungen: ein Versuch, anhand der noch verbliebenen Spuren zu einem Geflecht von Einzelgeschichten zu gelangen. Ausgehend von fragmentarischen Überresten sollte so eine kleine Archäologie jüngster Vergangenheit entstehen, welche die Geschichte aus der Gegenwart

Abb. 2
Ceci n'est pas une pipe: Die «Surrealistische Gruppe» um Antoine Tabet, Georges Schehadé, Antoine Mourani und Iskandar Abu Sha'r, Beirut um 1929.

heraus hinterfragt und versucht, hinter der vermeintlichen linearen historischen Kausalität die divergierenden und auch widersprüchlichen Impulse auszumachen, die zu alternativen Pfaden hätten führen können.

Alles beginnt in Bhamdoun, einem kleinen Dorf in den Bergen des Libanon, das von dem Krieg gezeichnet ist, der das Land in den 1980er Jahren in Blut tauchen wird. Das Haus meiner Familie ist abgebrannt, und von dem Dorf meiner Kindheit, das durch einen ungezügelten Wiederaufbau um seinen Charakter gebracht wurde, ist nichts mehr übrig. Hier nehme ich die Fährte auf. Ich begebe mich auf die Spuren eines Großvaters, der als Schmied zur Arbeit in der Seidenraupenzucht der Firma *Veuve Guérin et fils*, einem auf die Seidenindustrie spezialisierten Lyoner Unternehmen, gegangen war. Durch seinen Lebensweg wird ein ganzes Stück der Geschichte des Libanon am Ende des Osmanischen Reiches und während der Zeit des französischen Mandats illustriert: die Veränderungen, die im *Bilad al-Sham*[4] durch westliche Einflüsse ausgelöst wurden; die Umwandlung von Beirut in einen Umschlagplatz zwischen dem syrischen Hinterland und Europa; die Einführung der Monokultur der Seide, die das libanesische Bergland in eine «landwirtschaftliche Vorstadt» verwandelte, die von den Seidenherstellern aus Lyon abhängig war; die Konkur-

4 Traditionelle Bezeichnung für den syrischen Raum zwischen dem Mittelmeer und Mesopotamien.

Abb. 3
Zwischen Ablehnung des Nationalsozialismus und Kampf um nationale Unabhängigkeit. Cover der ersten Ausgabe des Journals «Al Tariq», Dezember 1941.

renz zwischen französischen und angelsächsischen Missionaren um die Ausbildung der Eliten;[5] die «Große Hungersnot», die das Gebirge und die Küste während des Ersten Weltkriegs verwüstete; dann die Katastrophe, die der Fall des Osmanischen Reichs darstellte, die Teilung der Region nach dem Sykes-Picot-Abkommen mit der Einführung der Mandate – des französischen Mandats in Syrien und im Libanon und des englischen in Palästina – und schließlich die Schaffung des Großlibanon durch die administrative Angliederung der Hochebenen von Bekaa und Hermel sowie des Jabal Amel[6] an das Gebirge und die Küstenstädte.

In diese Welt, die von der gewaltsamen Erschütterung traditioneller Gleichgewichte und dem Verlust fester Orientierungspunkte geprägt ist, setzte der junge Antoine Tabet seine ersten Schritte. Entgegen dem Wunsch seiner Familie, die ihn nach Lyon schicken wollte, um sich bei *Veuve Guérin et fils* in Verwaltung und Buchhaltung ausbilden zu lassen, meldete er sich für den Wettbewerb der Ingenieurschule der neu gegründeten Universität Saint Joseph an und machte 1926 seinen Abschluss. An-

Abb. 4
Arbeit an einer arabischen pluralistischen Moderne: Die ägyptische Gruppe «Kunst und Freiheit», Kairo 1941.

schließend beschloss er, nach Paris zu gehen, um sich dort auf Architektur zu spezialisieren.

Inmitten der *années folles* schrieb er sich an der Pariser École des Beaux-Arts ein, trat dem Atelier von Auguste Perret bei, einem der wichtigsten Pioniere der Stahlbetonarchitektur und des «style sans ornement», traf André Breton, Max Ernst und Louis Aragon und verkehrte in der Gruppe der Surrealisten. Nach seiner Rückkehr in den Libanon gründete er mit dem Dichter Georges Schehadé eine surrealistische Gruppe, kämpfte gegen die «neuen Phönizier»,[7] schloss sich mit jungen Malern zusammen, die den Akademismus der offiziellen Kunst ablehnten, und gründete ein Architekturbüro, das bald zu einem der wichtigsten Orte der architektonischen Moderne in den Ländern der Region werden sollte.

Beirut, die Hauptstadt des Großlibanon und Sitz der Zentralverwaltung der Levante-Staaten, erlebte in den zwanziger Jahren ein rasantes Wachstum, das mit der Neugestaltung der zentralen Stadtviertel, zahlreichen Durchbrüchen in der Textur der arabi-

5 Ab der zweiten Hälfte des 19. Jahrhunderts wurden in Beirut zwei Universitäten gegründet, die fast siebzig Jahre lang die universitäre Lehre monopolisierten: das Syrian Protestant College, das später zur American University of Beirut wurde, und die von den Jesuiten aus Lyon gegründete Saint Joseph University.

6 Bezeichnung für die Regionen im Südlibanon an der Grenze zu Palästina.

7 Die «neuen Phönizier» waren eine Gruppe französischsprachiger christlicher Intellektueller, die sich um die 1919 veröffentlichte Revue Phénicienne gruppierte.

schen Altstadt, der Entwicklung neuer Viertel in den landwirtschaftlich geprägten Vororten und der Entstehung einer kolonialen Stadtlandschaft einherging. Ein neuer eklektischer Architekturstil entstand, der neoklassizistische oder neo-ottomanische Remakes, «arabisierende» Elemente und Jugendstilanleihen miteinander verband. In klarem Bruch mit dem vorherrschenden orientalistisch-pittoresken Stil forderte eine jüngere Generation von Architekten eine neue Sprache, die dem Geist der modernen Zeit besser entsprach. Viele Artikel im Archiv meines Vaters evozieren die Notwendigkeit, eine Sprache zu finden, die den neuen Materialien und Bautechniken treu bleibt und gleichzeitig den sozialen Bedürfnissen einer städtischen Bevölkerung Rechnung trägt. Der Ton dieser Artikel transportiert die Begeisterung für den Einzug der Moderne in die Architektur, die zugleich der Errichtung einer gerechteren und humanen Welt dienen sollte. Auch in diesem sozialreformerischen Geist fühlte sich mein Vater vielen Pionieren des modernen Bauens im Westen verbunden.

Abb. 5
Zeugnis des Neuen Bauens: Ein Haus des Architekten Antoine Tabet, 1932.

Abb. 6
Die liberale Fata Morgana – Skyline von Downtown Beirut nach dem Wiederaufbau.

8 «Nahda» bezeichnet die arabische kulturelle Bewegung der «Erneuerung», die sich im Osmanischen Reich während des 19. und des frühen 20. Jahrhunderts formierte.

Von den Pionierbauten aus dieser Epoche, die einem anarchischen, von der Immobilienspekulation getriebenen Stadtwachstum zum Opfer fielen, sind nur wenige Häuser erhalten geblieben. Im Gegensatz zur Moderne der späteren 1950er und 1960er Jahre, die durch die nivellierende Vorherrschaft eines *international style* geprägt war, war diese «primitive» Moderne trotz der für die Avantgarde typischen radikalen Geste von einem nuancierten Ansatz geprägt, der die lokalen Umstände, das Klima, die Materialien mitberücksichtigte.

Diese Ära des neuen Bauens war auch die Zeit der Politisierung. Eine neue Generation trat für die Überwindung des reformerischen Denkens der *Nahda*[8] ein. Im Kern ging es hier um die Beziehung zur westlichen Moderne und die Teilhabe an den großen Strömungen, die das 20. Jahrhundert durchziehen: liberaler Humanismus, faschistische Ordnung, kommunistische Utopie. So entstand in einem weltanschaulichen Wimmelbild gleichzeitig eine Vielzahl politischer Parteien und Organisationen, die teilweise paramilitärische Organisationsformen annahmen und sich entweder für die Verteidigung der libanesischen Identität oder für den Anschluss an die arabische Nation oder an «Großsyrien» einsetzten, sowie eine Gruppe von Arbeitern und Intellektuellen, die ihren Beitritt zur Kommunistischen Internationale ankündigte.

Als Mussolini 1936 in Äthiopien einmarschierte und dabei chemische Waffen einsetzte, die hunderttausende Menschen töteten, gründete mein Vater, der Tausendsassa Antoine Tabet, gerade die Antifaschistische Liga in Syrien und im Libanon und wurde ihr Generalsekretär. Er reiste nach Paris, um am zweiten Internationalen Schriftstellerkongress teilzunehmen, bei dem sich Intellektuelle und Schriftsteller aus aller Welt zur Unterstützung der spanischen Republikaner versammelten, und traf dort Ernest Hemingway, Bertolt Brecht, Octavio Paz und Ilja Ehrenburg. Und als Madrid den Franco-Truppen, die vom faschistischen Italien und von Nazi-Deutschland unterstützt wurden, zum Opfer fiel, beschloss er, sich der Syrisch-Libanesischen Kommunistischen Partei anzuschließen.

In den Archiven der Zeitschrift *al-Tariq* (Der Weg), die Tabet 1942 mit einer Gruppe von Linksintellektuellen gründete, schimmert die Suche nach alternativen Wegen zwischen der Ablehnung der nationalistischen Projekte des Faschismus und des Nationalsozialismus einerseits und dem Kampf gegen die Kolonialherrschaft und für die nationale Unabhängigkeit andererseits durch *(Abb. 3)*. Als sich wenig später, nach der Unabhängigkeit des Libanon, die komplexe Frage nach der nationalen Identität immer mehr auf eine mythische Suche nach den Ursprüngen verkürzte, sei es in den Überresten der phönizischen Städte oder in den Spuren des byzantinischen Berytos oder in den Denkmälern der Mameluken, die die Zugehörigkeit des Libanon zur islamischen Umma belegen sollten, veröffentlichte Tabet eine Reihe von Artikeln, die die Instrumentalisierung der Archäologie für Geschichtspolitik ablehnen. Aus diesen Texten ist zu erfahren, dass die Identität eines Volkes immer plural ist, und durch die Artikulation verschiedener, im Laufe der Geschichte entstandener Erinnerungen aufgebaut und ständig erneuert wird. Für meinen Vater gab es nur eine polyphone, sich überschneidende, hybride und geteilte Kultur.

Aus diesem Grund versuchte er in den vierziger Jahren, eine enge Beziehung zu der ägyptischen Gruppe «Kunst und Freiheit» aufzubauen, die Künstler und Schriftsteller unterschiedlicher Herkunft versammelte, um die Grundlagen einer vielseitigen arabischen kulturellen Moderne zu definieren und eine zeitgenössische Sprache zu schaffen, die sowohl global engagiert als auch in lokalen künstlerischen und politischen Anliegen verwurzelt war. Aus demselben Grund kritisierte er die Positionen vereinzelter arabischer Politiker, die sich gegen die Kolonialherrschaft und das zionistische Projekt in Palästina mit dem Faschismus verbündeten, und sprach sich für die Schaffung eines unabhängigen palästinensischen Staates aus, in dem Juden und Araber die gleichen Rechte besäßen.

Diese Vision einer pluralistischen Moderne wurde jedoch von den dramatischen Ereignissen erschüttert, welche die Region in der zweiten Hälfte der vierziger Jahre erreichten: die Gründung des Staates Israel, die palästinensische *Nakba* und der Aufstieg arabischer Militärregime, die «Revolutionen von oben» durchführten, um die arabischen Gesellschaften gewaltsam in das gelobte Land det Zukunft zu führen. Von nun an hatte die alte avantgardistische Idee der Moderne nicht nur den Reiz der surrealen Uneindeutigkeit eingebüßt, sondern war gleichbedeutend mit Projekten des «nationalen Aufbaus», die in einer Sackgasse der Ablehnung eines kulturell dominanten Westens bei gleichzeitiger Anziehung des Westens mit den Versprechungen von Wachstum und Fortschritt feststeckten.

Ab dieser Zeit schweifte mein Vater immer mehr vom Nahen Osten nach Lateinamerika und setzte seinen utopischen Elan für den «Weltfrieden» und die «Befreiung» der Länder der Dritten Welt ein – wie der Globale Süden damals noch genannt wurde. Er traf intellektuelle Leuchtfiguren wie Jean-Paul Sartre, Pablo Neruda, Nazim Hikmet sowie Frantz Fanon und Mehdi Ben Barka, nahm an der Vorbereitung der Bandung-Konferenz der Blockfreien Bewegung teil und begeisterte sich für die algerische Revolution. Sein letzter intellektueller Einspruch vor seinem Tod im Jahr 1964 war die Lancierung eines internationalen Aufrufs zur Schaffung eines atomwaffenfreien Mittelmeerraums.

Was als Suche nach den Ursprüngen meiner Familiengeschichte begann, hatte sich schließlich zu einem weit aufgefächerten Panorama der kulturellen Strömungen entfaltet, die den modernen Libanon und den arabischen Osten im «kurzen zwanzigsten Jahrhundert»[9] in steter weltanschaulicher Korrespondenz mit dem Westen durchzogen, vom Fall des Osmanischen Reiches bis zur arabischen Niederlage von 1967. Danach sollte eine neue Epoche beginnen – das «Ölzeitalter», in dem der arabische Nationalismus sich abschwächte und der Islamismus zur bestimmenden Kraft wurde. Aber das ist eine andere Geschichte.

Aus dem Französischen von Daniel Schönpflug

9 Eric Hobsbawn: The Age of Extremes. The Short Twentieth Century 1914–1991, Abacus 1995.

Bildnachweis:
Abb. 1: © Mucem, Fouad Debbas Collection, Foto: Bonfils. – Abb. 2: © Institut Mémoire de l'Edition Contemporaine IMEC. – Abb. 3 und 5: © J. Tabet. – Abb. 4: © Sylvie & Sonia Younan Collection, Paris. – Abb. 6: © Societé libanaise pour le développement et la reconstruction de Beyrouth.

TANIA ZAVEN

Lang lebe König Ahiram!

Über einen Hüter der Erinnerung

In Erinnerung an meinen Vater Varoujan Zaven

Als im Jahr 1975 der libanesische Bürgerkrieg begann, war ich drei Jahre alt. Ich wohnte direkt neben dem Nationalmuseum von Beirut, im Stadtteil Badaro, wo ich auch heute noch zu Hause bin. Während meiner Kindheit wurde mir eingeschärft, dass ich die Umgebung des Museums zu meiden hätte. Dort hinzugehen galt als sehr gefährlich, da der Museumsbau direkt an der Demarkationslinie zwischen Ost- und West-Beirut lag. Doch die Schule, die ich damals besuchte, das Grand Lycée Franco-Libanais, befand sich in Ashrafiyeh, einem Viertel auf der gegenüberliegenden Seite des Museums. So mussten wir Kinder jeden Tag einen überaus riskanten Weg zurücklegen. Es kam zu zahlreichen Gräueltaten; die schlimmste war die Entführung meines Cousins direkt vor dem Nationalmuseum.

Damals war der Blick auf die Fassade des Nationalmuseums durch Sandsäcke und Panzer verstellt. Seine Mauern waren von Kugeln und Sprengstoff durchsiebt. Das Museum sah aus wie ein verwundetes Waisenkind, das mitten im Kriegsgebiet als Ruine zwischen Ost- und West-Beirut zurückgelassen worden war und vor dessen Augen sich tagtäglich grausame Szenen abspielten. Milizen und Scharfschützen hatten das Gebäude unter ihre Kontrolle gebracht und in eine Kaserne verwandelt. Sie nutzten es als Spähposten und schossen von dort aus auf Menschen, die sich der Demarkationslinie zu sehr näherten. Die Scharfschützen schreckten nicht davor zurück, für ihre Gewehrläufe ein Loch in die untere linke Ecke eines byzantinischen Mosaiks zu schlagen, das Jesus Christus als guten Hirten darstellt, umgeben von friedlich nebeneinanderlebenden Wild- und Haustieren *(Abb. 1)*.

Während dieser Kriegsjahre (1975–1990) wurde das Museum regelrecht ausgeweidet. Ich glaubte damals nicht, dass seine wertvollen Sammlungen die endlose Spirale von Gewalt und Zerstörung überleben würden. Mein Glück war es, dass wir Verwandtschaft in England und in der Schweiz hatten. So konnten wir aus Beirut fliehen, als die Situation für uns lebensgefährlich wurde. Im Ausland hatte ich die Möglichkeit, zahlreiche archäologische Stätten und Museen zu besuchen – Stonehenge, den Louvre und das British Museum. Dort begegnete ich Objekten aus dem Libanon, die Verbindungen zu meinem Heimatland herstellten und in mir ein Gefühl der Neugier und auch des Stolzes weckten.

1990 entschied ich mich, in die Fußstapfen meines Vaters zu treten und ein Studium an der American University of Beirut zu beginnen. Er hatte dort 1954 seinen Abschluss als Ingenieur gemacht, ich entschied mich für ein Studium der Archäologie. Der Krieg war gerade zu Ende gegangen, und endlich konnte man die einstige Demarkationslinie zwischen Ost- und West-Beirut wieder unbehelligt überschreiten. Ich konnte nicht umhin zu bemerken, wie die Natur der einstigen Todeszone dem Krieg widerstanden hatte. Wegen der wilden Bäume und Pflanzen, die während des Krieges in der Innenstadt von Beirut und auch rund um das Nationalmuseum gewachsen waren, wurde die Grenze zwischen dem Osten und dem Westen der Stadt auch *Green Line* genannt. Geprägt durch meine Beiruter Kindheit und Jugend wurde mein Entschluss, Archäologie zu studieren, auch von der Neugierde befeuert, gerade jene Grabungsstätten zu erforschen, die aus Gründen der Sicherheit nicht zugänglich waren – etwa die zum Weltkulturerbe gehörende antike Stadt Anjar, die von der syrischen Armee besetzt und in ein militärisches Hauptquartier umgewandelt worden war.

Es sollte aber noch bis zum November 1993 dauern, bis ich zum ersten Mal das Beiruter Nationalmuseum betrat. Dort fand damals eine Ausstellung mit dem Titel «Das Nationalmuseum – Vergangenheit und Zukunft – entwurzeltes Erbe» statt, die von der Generaldirektion für Altertümer, der Amerikanischen Universität Beirut und den Freunden des Nationalmuseums organisiert worden war. Ich erinnere mich noch an meine intensiven Gefühle beim Betreten dieses verwundeten Ortes. Das Innere des Museums war ebenso von Zerstörung gezeichnet wie seine Fassade. Die Wände waren mit Graffiti überzogen. Der Krieg hatte zahlreiche große Betonquader hinterlassen, die verstreut im Erdgeschoss standen. Auf diesen Blöcken waren nun Fotos jener Artefakte ausgestellt, die der erste Generaldirektor für Altertümer, Emir Maurice Chehab, und seine Frau Olga während des

Abb. 1
Sniper inmitten guter Hirten. Byzantinisches Mosaik mit einem Loch (links unten) für den Gewehrlauf. Im libanesischen Bürgerkrieg diente das Nationalmuseum den Milizen als Gefechtsposten.

Krieges in ihrem Inneren verborgen hatten. In kluger Voraussicht hatten sie die beweglichen Objekte des Museums abtransportieren und gewichtige Exponate von unschätzbarem kulturellem Rang, die nicht bewegt werden konnten, mit Beton umgießen lassen, um sie vor Plünderungen durch die Milizen zu schützen.

In einem dieser Betonkästen war der berühmte Sarkophag von Ahiram, einem der phönizischen Könige von Byblos, versiegelt. Ein Blick auf das graue rechteckige Gehäuse weckte in mir ein Gefühl der Begeisterung für unser längst vergessenes Erbe. Ahirams Sarkophag, dessen Präsenz ich nur ahnen konnte, schien unverwüstlich inmitten der Ruinen zu stehen. Ich hatte seinem Grab schon in der Schule und dann auch später an der Universität nachgespürt, und jetzt, mit einer Betonschicht zwischen uns, waren wir einander so nah und doch so fern.

Nach einem Erdrutsch, heißt es, habe der Franzose Pierre Montet am 16. Februar 1922 die königliche Nekropole in Byblos entdeckt. Montet war ein Ägyptologe, der von 1921 bis 1924 in dieser Stätte rund 40 Kilometer nördlich von Beirut Grabungen durchgeführt hatte. Neun Sarkophage, die den Königen von Byblos aus dem 2. und 1. Jahrtausend vor Christus während der mittleren Bronze- und Eisenzeit oder der phönizischen Periode gehörten, tauchten aus dem Stollen tiefer Vergangenheit auf. Drei dieser Sarkophage wurden völlig unversehrt gefunden. Sie befanden sich in Schachtgräbern, die mit einer Tiefe von 8 bis 12 Metern kunstvoll in den Fels gehauen waren und selbst einzigartige Artefakte darstellten.

Vor einem Jahrhundert wurde der 5,5 Tonnen schwere, aus Kalkstein gefertigte Sarkophag von Ahiram dann aus seinem 9,70 Meter tiefen Grab an die Oberfläche geholt. Damals stand der Libanon unter französischem Mandat und die einheimischen Arbeiter wurden von senegalesischen Soldaten unterstützt, die auch die Ausgrabungen überwachten *(Abb. 2)*. Ahirams Sarkophag stand nicht allein in Schachtgrab Nummer V, sondern wurde von zwei weiteren Sarkophagen flankiert. Während in den Gräbern seiner Vorgänger Abi Schemu und Ip Schemu Abi reiche Beigaben entdeckt worden waren, zeigte Ahirams letzte Ruhestätte die Spuren antiker Plünderungen. Der Deckel des Sarkophags stand offen, und nur wenige Gegenstände konnten aus dem Grab geborgen werden – darunter die Fragmente zweier Alabastervasen, von denen eines den Namen und Titel von Ramses II. trug. Dennoch ist die Grabstätte von Ahiram einzigartig, weil sein Sarkophag als einziger mit einer Begräbnisszene geschmückt ist und darüber hinaus die älteste umfangreiche phönizische Inschrift trägt. Einige Gelehrte datieren ihn aufgrund der Ikonographie und der gefundenen Artefakte in die zweite Hälfte des 13. Jahrhunderts vor Christus, während andere, die sich ausschließlich auf die Epigraphik stützen, einen jüngeren Ursprung im 10. Jahrhundert vermuten *(Abb. 3)*.

Abb. 2
Ahiram taucht auf. Hebung des Sarkophags unter der Leitung des französischen Archäologen Pierre Montet in Byblos, 1923.

Auf den Seitenwänden des Sarkophags ist ein lokaler Bestattungsritus dargestellt, der um einen Ahnenkult gruppiert ist. Die Vorderseite zeigt den bestatteten König Ahiram. Er sitzt auf einem ägyptisch anmutenden Thron, der mit geflügelten Sphingen geschmückt ist. Seine Füße ruhen auf einem Schemel, während er in der linken Hand sein Zepter trägt. Dieses hat die Form einer welkenden, geschlossenen Lotusblume, eines Todessymbols. In der rechten Hand hält der König eine kleine Schale oder einen Trinkbecher. Vor Ahiram steht ein mit Speisen geschmückter Tisch, bei dem es sich um ein Totenmahl handelt, das wahrscheinlich von seinem älteren Sohn Ittobaal ausgerichtet wurde.

Letzterer steht vor Ahiram; er führt eine Prozession von Untertanen der Könige in langen Gewändern an. Sie bringen Opfergaben in Form von Speisen und Tieren, einige strecken ihre Hände in einer Geste der Ehrerbietung nach ihrem verstorbenen Herrscher aus. Die Darstellung des Begräbnismahls beginnt auf der Vorderseite des Sarkophags und setzt sich auf der Rückseite fort.

Auf beiden Seiten des Sarkophags sind Frauen dargestellt, die den Verlust ihres Königs mit starken expressiven Gesten beklagen *(Abb. 4)*. Die teilweise nackten Figuren zerreißen ihre Gewänder und erheben ihre Hände über Kopf und Brüste. Sie zeigen ihren Kummer auf ergreifende Weise, indem sie sich die Haare raufen und sich selbst martern. Diese uralte Tradition der Toten-

Abb. 3
Letztes Totenmahl. Ritus eines Begräbnismahls für König Ahiram, Vorderseite des Sarkophags. Auf dem Deckel findet sich ein Teil der phönizischen Inschrift.

Abb. 4
Nackte Trauer. «Klageweiber» trauern um den König, Seitenansicht.

trauer wird bis heute in abgelegenen libanesischen Dörfern praktiziert, wo «Klageweiber» noch immer zum festen Begräbnisritus gehören. Die Tableaus sind von Säulen eingefasst und von blühenden oder geschlossenen Lotusblumen gekrönt. Diese symbolisieren in der ägyptischen Tradition den Zyklus von Transzendenz, Verjüngung und Wiedergeburt. Die Lotusblume, die in der Morgensonne blüht und sich nachts wieder schließt, dient als Metapher für den ewigen Kreislauf von Leben und Tod.

Der einst bunte Sarkophag, der mit kräftigem Rot, Schwarz, Braun und möglicherweise anderen leuchtenden Farben verziert war, ruht auf vier liegenden Löwenfiguren. Jeder Löwe, der an einer Ecke positioniert ist, legt seine Mähne schützend über seine Pfoten und dient sowohl als Abschreckung für potenzielle Grab-

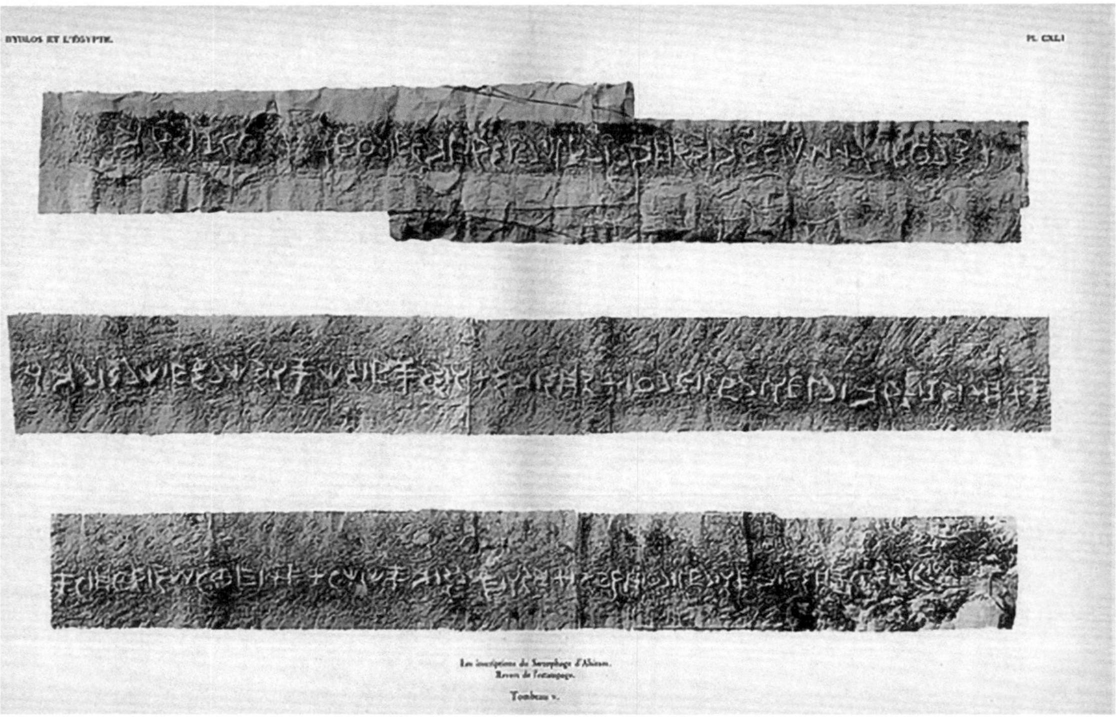

räuber als auch als Bosse zum Anheben des Sarkophages. Zusätzlich sind in der Mitte des gewölbten Deckels zwei weitere Löwen als Flachreliefs zu sehen, die sich ebenfalls durch ihre Ehrfurcht gebietenden Mähnen und Pranken auszeichnen. Diese Löwen befinden sich zwischen zwei bärtigen, farbenfroh gekleideten Männerfiguren, die in Lebensgröße (171 Zentimeter) abgebildet sind. Es wird vermutet, dass es sich dabei um Ahiram und seinen Sohn Ittobaal handeln könnte. In der Deckeldarstellung streckt Ahiram seine erhobene rechte Hand in einer segnenden Geste aus, während er in der anderen eine verwelkte Lotosblume hält. Ittobaal umklammert mit seiner rechten Hand einen Krug mit Henkel und greift mit der linken Hand zart nach einer unverwelkten Lotusblume.

Die (in der Richtung der arabischen Schrift) von rechts nach links verlaufende Inschrift beginnt am oberen Rand auf einer der

Abb. 5
Ein früher Tweet der Schriftgeschichte. Die phönizische Inschrift auf dem Sarkophag besteht aus 136 Zeichen und markiert den Anfang der alphabetischen Revolution.

Seitenwände des Sarkophags. Sie verrät zunächst die genealogische Zugehörigkeit von Stifter und Empfänger – «Sarkophag gemacht von Ittobaal, Sohn des Ahiram, König von Goubal (Byblos), für seinen Vater als ewiges Heim», und warnt dann durch einen langen Fluch jeden verwegenen König oder Statthalter davor, den Deckel des Grabes seines Vaters zu öffnen *(Abb. 5)*. Außerdem ist ein weiterer Fluch in drei Metern Tiefe an der Südwand des Schachtgrabes eingraviert, der verkündet: «Sei gewarnt, unten wartet dein Untergang!» Diese Inschrift richtet sich an jeden, der es wagen sollte, in das Grab einzudringen, um die Grabbeigaben im Sarkophag der Könige zu rauben. Es ist kein Zufall, dass diese Warnung gerade in jener Tiefe angebracht ist, in der sich einst ein Zwischenboden aus Holz befunden haben muss – die Wandnischen für die Balken sind noch sichtbar. Die Inschrift auf Ahirams Sarkophag besteht aus 136 Zeichen, sie enthält 19 der 22 Buchstaben der phönizischen Schrift. Die Phönizier entwickelten ein Alphabet mit nur 22 Schriftzeichen und demokratisierten und globalisierten damit die Schriftsprache. Diese alphabetische Revolution diente als Vorläufer des griechischen Alphabets und bildete die Grundlage für alle westlichen Alphabete. Auch das griechische Wort *biblia*, für «Bibel» oder «Buch», stammt aus Byblos, denn die Byblianer waren die einzigen, die den aus Ägypten importierten Papyrus im östlichen und nördlichen Mittelmeerraum vertrieben.

Im Februar 1924 äußerten die Einwohner von Byblos den Wunsch, die wertvollen Funde aus den Ausgrabungen in ihrer Heimatstadt zu behalten. Sie verfassten eine Petition mit 82 Unterschriften lokaler Familien. Sie war an General Weygand gerichtet, der während des französischen Mandats Hochkommissar für Libanon und Syrien war. Ziel der Petition war die Einrichtung eines Museums in der Kreuzritterburg von Byblos. Die Einwohner waren sogar bereit, sich an der Einrichtung des Museums finanziell zu beteiligen. Es dauerte jedoch rund achtzig Jahre, bis ihre Wünsche in Erfüllung gingen. Im Jahr 2003 richtete die Generaldirektion für Altertümer ein Museum in der mittelalterlichen Zitadelle von Byblos ein. Die Ausgrabungen in Byblos wurden unter der Leitung von Maurice Dunand noch fünf Jahrzehnte lang fortgesetzt – von 1926 bis 1975. 1984 wurde Byblos in die UNESCO-Liste des Weltkulturerbes aufgenommen. Die archäologischen Arbeiten in Byblos wurden während des libanesischen Bürgerkrieges nie unterbrochen. Sie werden bis heute innerhalb der archäologischen Stätte sowie in und außerhalb der Altstadt von Byblos fortgesetzt.

Mit diesen fortgesetzten Anstrengungen trug man der Tatsache Rechnung, dass die Stadt eine der ältesten kontinuierlich bewohnten menschlichen Siedlungen ist. Sie existiert seit der Jungsteinzeit vor 9000 Jahren und florierte vor allem dank des Seehandels, der in der Bronzezeit mit dem Westen, einschließlich Griechenlands, sowie mit dem Osten, vor allem mit Mesopotamien, und mit Ägypten im Süden begann. Wichtigstes Handelsgut war Holz. Zedernholzstämme wurden vom Handelshafen von Byblos nach Ägypten exportiert, wo sie für den Bau von Palästen, Tempeln, Sarkophagen, Militär- und Sakralschiffen verwendet wurden. Ihr Harz und ihr Öl wurden für die Mumifizierung der Pharaonen genutzt. Doch Byblos war für Ägypten mehr als nur eine Handelsstadt. Baalat Gubal, Herrin von Byblos, wurde zuerst mit der ägyptischen Göttin Hathor, später mit Isis verbunden.

Im Dezember 1923 reifte in Beirut der Plan, ein Nationalmuseum zu gründen. Die einflussreichen libanesischen Familien erkannten, dass im Libanon zahlreiche Ausgrabungen durchgeführt worden waren – unter anderem in Tyrus, Sidon, Baalbeck und Byblos. Die wertvollen Artefakte, die bei diesen Ausgrabungen gefunden wurden, wurden jedoch entweder gleich ins Ausland verschifft oder landeten in verschiedenen lokalen Lagern. Einheimische, ausländische Einwohner und sogar die Osmanen spielten eine wichtige Rolle bei der Plünderung des archäologischen Erbes des Libanon, und der Sammeleifer wurde durch enthusiastische ausländische Diplomaten weiter angefeuert. So erschien die Einrichtung eines Nationalmuseums als dringend notwendig. Es sollte ein Ort sein, an dem das Erbe bewahrt und ausgestellt und so die libanesische Identität gestärkt werden konnte. Während des Ersten Weltkriegs wurde der Libanon durch das Sykes-Picot-Abkommen von 1916 nach 400 Jahren osmanischer Herrschaft unter französische Aufsicht gestellt. Die Welle des Nationalismus und Patriotismus erreichte ihren Höhe-

Abb. 6
Ein moderner Tempel für die Überlieferung. Die Bauarbeiten des neuen Nationalmuseums begannen 1930 und dauerten zwölf Jahre.

punkt mit der Ausrufung des *Grand Liban* im Jahr 1920 durch den französischen General Gouraud.

Das Nationalmuseum von Beirut wurde 1942, ein Jahr vor der Unabhängigkeit des Libanon am 23. November 1943, für die Öffentlichkeit geöffnet. Das Gebäude wurde in Anlehnung an einen ägyptischen Tempelbau von den Architekten Antoine Nahas und Pierre Leprince-Ringuet entworfen. Die Bauarbeiten begannen im Oktober 1930 und dauerten zwölf Jahre *(Abb. 6)*. Während dieser Zeit wurden viele wichtige Entdeckungen, darunter das Grab des Tyr, ein Hypogäum aus dem 2. Jahrhundert nach Christus, das im Mai 1937 ausgegraben wurde, in das Gebäude integriert. In dem Bestreben, nationale Meisterwerke an einem zentralen Ort zu sammeln, wurden 1939 die Fresken aus dem

Grab des Tyr abgenommen und die Grabkammer im Untergeschoss des Museums minutiös nachgebaut. Der Sarkophag von Ahiram, auf den sich ebenfalls die Bestrebungen zur Sicherung nationaler Schätze richtete, hatte bereits Mitte der dreißiger Jahre seinen Platz im Museum in Beirut gefunden. So wurde das Nationalmuseum, im Herzen der libanesischen Hauptstadt gelegen, zum Ausdruck einer kollektiven Willensanstrengung *(Abb. 7)*.

Im Jahr 1964 gab die libanesische Zentralbank eine Banknote im Wert von fünf libanesischen Lira aus, auf der die Fassade des Nationalmuseums abgebildet war. Die Banknote war mit der Inschrift von Ahirams Sarkophag verziert, die jedoch so winzig war, dass man sie nur mithilfe einer Lupe entziffern konnte. Die

Abb. 7
Ahirams Sarkophag regiert nach der Restaurierung des Nationalmuseums die zentrale Halle. Im Bildhintergrund (links) hängt ein Mosaik über die Entführung der «Europa».

Abb. 8
Der 5-Lira-Schein zeigt die Fassade des neuen Nationalmuseums. Der alte phönizische Bannspruch konnte der galoppierenden Inflation der libanesischen Währung auch keinen Einhalt gebieten.

5-Lira-Banknote, die bei ihrer Ausgabe einen Wert von 1,66 US-Dollar hatte, hielt ihren Wert bis in die späten siebziger Jahre und wurde 1986 aus dem Verkehr gezogen. Die Landeswährung wurde seitdem von Inflationen durchgeschüttelt, so dass der Wert von 1,66 US-Dollar heute 147 740 Lira entspricht. Ittobaals Fluch reichte offenbar nicht so weit, um die libanesische Lira vor der schweren Wirtschaftskrise und dem Vertrauensverlust der Bürger zu schützen *(Abb. 8)*.

Im Jahr 1995 wurde beschlossen, das Nationalmuseum zu restaurieren, und mit Unterstützung der National Heritage Foundation wurde unverzüglich mit den Arbeiten begonnen. Am 25. November 1997, nur drei Tage nach dem 54. libanesischen Un-

Abb. 9
Phönix aus der Zementasche: König Ahiram legt seinen Schutzmantel ab, Beirut 1996.

abhängigkeitstag, wurde zunächst das Erdgeschoss des Museums wiedereröffnet. 1999 wurde auch das erste Stockwerk und 2016 schließich der unterirdische Teil des Museums mit Unterstützung der italienischen Botschaft der Öffentlichkeit zugänglich gemacht.

Im Verlauf dieses Prozesses wurden die Betonquader um die Artefakte entfernt. Dazu konnten im Jahr 1996 Archäologen, Restauratoren und Arbeiter auch aus Baalbek beitragen. Überraschenderweise waren die älteren Arbeiter aus Baalbek die einzigen, die über das unschätzbare handwerkliche Fachwissen verfügten, das für diesen heiklen Prozess erforderlich war. Sie kannten die verborgenen Objekte im Detail und behandelten sie

Abb. 10
Zu den Prunkstücken der Sammlung des Nationalmuseums Beirut gehört das «Europa»-Mosaik aus der römischen Epoche. – Ahirams Sarkophag wurde für die Ausstellung «Liban l'autre rive» (1998/99) nach Paris ausgeliehen, kehrte aber – anders als die entführte phönizische →

→ Königstochter in der mythischen Saga – aus Europa wieder nach Beirut zurück.

mit äußerster Sorgfalt. Die Demontage des Betons glich einer zweiten Entdeckung der imposanten Artefakte, und Ahirams Sarkophag wurde unversehrt unter seinem modernen Schutzmantel gefunden *(Abb. 9).* Nach mehrmonatigen Reinigungsarbeiten erstrahlte das Grab wieder in seinem alten Glanz.

Vor dem Ende des Jahrtausends ging der Sarkophag auf Reisen und wurde im Pariser Institut du Monde Arabe gezeigt. Die Ausstellung mit dem Titel «Liban l'autre rive» war eine Feier des libanesischen Kulturerbes. Die Entscheidung, den Sarkophag von Ahiram nach Paris zu entleihen, fiel den Verantwortlichen damals nicht leicht, doch die symbolische Bedeutung dieses Aktes gab schließlich den Ausschlag. Der Sarkophag von Ahiram war ab Oktober 1998 mehrere Monate lang das Prunkstück der Pariser Ausstellung und kehrte im Mai 1999 heil nach Hause zurück.

So stand der Sarkophag von Ahiram wieder an seinem Platz im Nationalmuseum, als am 4. August 2020 eine gewaltige Explosion im Hafen Beiruts das Herz und die Seele der Stadt von Neuem erschütterte. Das Nationalmuseum von Beirut wurde verwüstet, obwohl es durch den Ashrafiyeh-Hügel vom Hafen abgeschirmt ist. Die Explosion riss die gewaltigen Eisentüren des Gebäudes auf. Die Glasfenster zersprangen. Trümmer und Splitter bedeckten sämtliche Etagen. Die Aufzüge wurden zerstört und die Beleuchtungs- und Belüftungssysteme außer Betrieb gesetzt. Inmitten dieses apokalyptischen Feuersturms stand Ahirams Sarkophag noch immer unversehrt da – der alte König aus Byblos als Hüter der Erinnerung inmitten des wiederkehrenden Wahnsinns der Menschheit.

Aus dem Englischen von Daniel Schönpflug

Bildnachweis:
Abb. 1–4, 6, 7, 9 und 10: © Fotos und Archive des Ministeriums für Kultur/Generaldirektion für Altertümer (Libanon). Mit Dank an Sarkis El Koury, Generaldirektor für die Altertümer, der nach der Zerstörung vom 4. August 2020 die Sanierung des Museums in die Wege leitete. – Abb. 5: Aus: Pierre Montet: Byblos et L'Égypte, Paris 1929. – Abb. 8: Banque du Liban.

Leyla Dakhli

Der Kampf geht weiter

Über die Spannung von Revolution und Archiv

«Sie sollen alle verschwinden!», skandierten im Herbst 2019 Tausende von Menschen, nachdem sie die Straßen der wichtigsten Städte des Libanon besetzt hatten. Ähnliche Szenen hatten sich zuvor in anderen Ländern der arabischen Welt zugetragen. Dort waren im Verlauf des Jahres 2011 Plätze erobert, der Sturz herrschender Regime gefordert und Revolutionen proklamiert worden. So schrieben die aufständischen Libanesinnen und Libanesen ihre Geschichte auf einer bereits geschwärzten Seite und ahnten, dass sie sich auf dem Weg zu neuer Unterdrückung befinden könnten. Zu frisch war die Erinnerung an die Massaker des Assad-Regimes am syrischen Volk. Im libanesischen Herbst des Jahres 2019 glaubte man daher besonders betonen zu müssen, dass es sich bei den Aktionen des Volkes um eine veritable Revolution handelte und nicht nur um einen weiteren kurzen arabischen Frühling oder die x-te «soziale Bewegung».

Als spontane Revolte und Überraschungsrevolution war die *thawrat tishrîn* («Oktoberrevolution») von Anfang an ein Palimpsest. Sie schrieb sich in eine anderswo bereits geschriebene Geschichte ein und bediente sich aus dem Gedächtnis und den Archiven früherer Volksbewegungen. Sie hatte ihre eigenen Ziele, setzte jedoch gleichzeitig längst begonnene Kämpfe fort: Kämpfe für ein besseres, für ein würdiges Leben, Kämpfe für ein Land, in dem die Clan- und Konfessionsstrukturen einer zivilen Demokratie weichen können und in dem die Nachlässigkeit des Staates sanktioniert wird. Die libanesische Revolution verlangte, dass die Mächtigen endlich Rechenschaft ablegen, umgekehrt legten die Revolutionäre ihrerseits eine Art der Buchführung an. Eine ihrer Formen war das revolutionäre Archiv. In einem Land, in dem das Archiv als Routine staatlichen Funktionierens ganz und gar nicht selbstverständlich ist, machte die Revolution militante Kräfte zu Archivaren und den Akt des Archivierens zu einer gleichermaßen aktivistischen wie staatsbürgerlichen Geste. Die Dokumentation sozialen und politischen Protests und das Anlegen eines Archivs bedeuteten eine signifikante Erweiterung des revolutionären Handlungsrepertoires. Das Archivieren setzt einen weitgestreckten Zeithorizont voraus; es nimmt den Kampf gegen die vielfältigen Formen des Vergessens und Auslöschens auf. So wird das Archiv selbst zu einem Ort des politischen Konflikts.[1]

1 Die Forschung für diesen Artikel wurde im Rahmen des ERC-geförderten Forschungsprogramms ERC-CoG DREAM (Grant Agreement No. 771453) durchgeführt.

Bewahren und Revolutionieren

Auf den ersten Blick scheint es, als sei das konservierende Sammeln und Aufbewahren von aktivistischen Dokumenten des Protestes eine Paradoxie. Die Menschen, die sich während der Protesttage auf den Straßen des Landes versammelten, schienen doch Tabula rasa machen und alles von Grund auf ändern zu wollen. Die Slogans, die sie den Behörden entgegenschleuderten, ihre Aufforderungen an das politische Personal, die Macht abzugeben, waren unmissverständlich. Aber während die Forderung, reinen Tisch zu machen, laut und deutlich vorgetragen wurde, stiegen auch vielfältige Erinnerungen auf. Die Versammlungen beriefen sich auf vergangene Aufstände in der arabischen Welt. Gleichzeitig erinnerten sie auch an frühere libanesische Protestwellen, welche die jahrelange Vernachlässigung der öffentlichen Verwaltungen angeprangert und einen Staat bloßgestellt hatten, dessen Bankrott vorprogrammiert war.

Darüber hinaus gingen die sozialen Mobilisierungen von 2019 auch mit dem Wunsch einher, das Wissen über Geschichte und Gegenwart des sogenannten «Systems» zu teilen und auf diese Weise dessen – selektive und strategische – politische Amnesie anzuprangern. Die Eroberung des Grand Théâtre des Mille et Une Nuits durch die Revoltierenden versinnbildlichte dieses Bedürfnis nach Visibilität von Geschichte. Denn die prachtvolle Ruine eines Baus, der 1929 errichtet und nach dem Ende des Bürgerkriegs nie restauriert worden war, zeugt als interpretationsoffenes Geschichtszeichen sowohl von der «glorreichen» Vergangenheit der Stadt als auch von deren Zerstörung.[2] So konnte das Gebäude 2019 zum Schauplatz einer Inszenierung dessen werden, was mit der Revolution sympathisierende Künstler als Vergegenwärtigung der Gespenster bezeichneten. Rafik Mahjoub zeichnete auf der Bühne des Grand Théâtre einen «Engel der Geschichte». Die Beschwörung von Walter Benjamins Denkbild durch einen Akteur der Herbstrevolution ist alles andere als zufällig. «Wo eine Kette von Begebenheiten vor *uns* erscheint», heißt es in Benjamins *Begriff der Geschichte,* «da sieht *er* eine einzige Katastrophe, die unablässig Trümmer auf Trümmer häuft und sie ihm vor die Füße schleudert. Er möchte wohl verweilen, die Toten wecken und das Zerschlagene zusammenfügen.»[3] In ge-

2 Sana Tannoury-Karam: Reckoning with the Past. Selected Scenes from the Modern History of Lebanon, in: Jeffrey G. Karam/Rima Majed (Hg.): The Lebanon Uprising of 2019. Voices from the Revolution, London 2023, S. 17–27.

wisser Weise versuchten die Revolutionäre von 2019, die Aufgabe zu erledigen, an der der Engel der Geschichte gescheitert war. Sie wollten sich nicht von einem Sturm fortreißen lassen, der sie rückwärts in eine unbekannte Zukunft treibt.

Gesten des Konservierens und Bewahrens, ja sogar der Wiedergutmachung, für die das Einsortieren ins Archiv auch steht, begleiteten die revolutionäre Bewegung von Anfang bis Ende. Sie ermöglichten es ihr, nicht blind voranzuschreiten. Auch unterstrichen sie den Willen, sich öffentliche Güter wieder anzueignen *(istirjâ' al-amlak al-'amma)*, wie es eines der auf der Fassade des Grand Théâtre entfalteten Transparente verkündete.[4] Sie legten das Wissen um die Grundlagen des libanesischen Staates offen – insbesondere jenes Wissen, das der Staat am liebsten verdunkelt hätte, und jene Strukturen, die von den auf den Straßen des Landes versammelten Menschen in Frage gestellt wurden. Die sogenannten «Bürgerwachen» wollten die Mechanismen des zivilen Lebens kennenlernen, verstehen und neu regeln. Eine Journalistin schrieb damals: «In den Zelten auf den Plätzen Beiruts sind Rechtsprofessoren und Politikwissenschaftler die Stars des Augenblicks. Aus ihren Hörsälen heraus treten sie vor ein Publikum, das sich über seine Rechte informieren will und über die verfassungsrechtlichen Mechanismen, die das Leben des Staates und der Bürger regeln.»[5] So vollzog sich eine regelrechte Wiederaneignung der Vergangenheit, die gleichzeitig den Blick fest auf die Gegenwart richtete. Diese Anstrengungen stellten gewiss nur eine Facette des Aufstands von 2019 dar, aber sie verwiesen auf eine viel ältere Konfrontation zwischen dem Staat und dem Archiv, auf einen wieder und wieder ausbrechenden, nie abschließend geführten Kampf um eine geteilte Geschichte.

Zwar hatte der Protest im Grand Théâtre die kritische Aufmerksamkeit auf das «goldene Zeitalter» der libanesischen Hauptstadt in den 1960er Jahren gelenkt, auf eine Epoche also, die – unter Ausblendung der sozialen Probleme und des Unglücks, auf denen der libanesische Wohlstand aufgebaut wurde – rückblickend mythisiert wird.[6] Die vehementesten Archivkonflikte bezogen sich hingegen auf die Erinnerung an den libanesischen Bürgerkrieg von 1975 bis 1990. Die Krisen, die der Libanon seit Mitte der 2000er Jahre erlebt hat, haben deutlich gemacht,

3 Walter Benjamin: Über den Begriff der Geschichte. Werke und Nachlass (Kritische Gesamtausgabe, Bd. 19), hg. von Gérard Raulet, Berlin 2010, S. 35 f.

4 Tannoury-Karam: Reckoning with the past, S. 25.

5 Yara el-Khoury: Les Clés du Moyen-Orient, 31.10.2019; https://www.lesclesdumoyen-orient.com/Le-Liban-a-l-heure-de-la-revolution-d-octobre-bilan-d-etape-et-interrogations.html.

6 Vgl. den Ausstellungskatalog von Sam Bardaouil/Till Fellrath (Hg.): Beirut and the Golden Sixties. A Manifesto of Fragility, Mailand 2023.

wie schwierig und gefährlich es ist, jene Kartons zu öffnen, die manche am liebsten verschwinden lassen würden.[7]

In diesem Zusammenhang muss das immer noch geläufige Bild eines «schwachen Staates» hinterfragt werden. Was oft als Staatsversagen interpretiert wird, war tatsächlich das Ergebnis einer Verwechslung von Archiv und offiziellem Gedenken.[8] Das libanesische Staatsarchiv wurde – unter der Schirmherrschaft der UNESCO – genau in jener Epoche einer Katalogisierungsarbeit unterzogen, als 1975 der Bürgerkrieg ausbrach.[9] Dennoch sind die Schwierigkeiten beim Aufbau eines öffentlichen Archivs nicht allein den Kriegswirren zuzuschreiben. Schon vorher war die Entstehung jener Institution, die sich den staatlichen Dokumenten und dem kulturellen Erbe widmete, extrem umkämpft. So könnte man umgekehrt fast sagen, dass der frühe Konflikt um das Staatsarchiv ein Indiz für das Herannahen des Krieges, eine seiner vielen Vorboten war. Im Ergebnis blieben die staatlichen Archive im Projektstadium hängen, vielfach wurden sie zerstört, bevor sie wirklich eröffnet wurden. Deshalb führen sie heute ein Schattendasein neben zahlreichen privaten oder halbprivaten, konfessionellen oder institutionellen, manchmal familiären Archiven, und der Libanon ist ein Land, in dem letztlich jeder sein eigenes Gedächtnis pflegt.[10] Das Sammeln von Erinnerungen und Archivalien begleitet das Leben der Gemeinschaften. Dies erklärt auch den Eintritt privater Akteure in den «Krieg der Archive» und die Entstehung von zivilen Projekten, die es sich in den neunziger Jahren zum Ziel setzten, einen Teil der Gedächtnisarbeit des Landes zu übernehmen. Viele Initiativen betonten das Versagen des Staates und sahen diesen als Schlüssel zum Verständnis des gerade beendeten Konflikts. Diese Variante einer Privatisierung der Erinnerung findet sich später in dem Wunsch der Revoltierenden von 2019 wieder, sich ihre Geschichte erneut anzueignen.[11] Doch um ihr Agieren besser zu verstehen, dürfen wir Archive nicht allein als Orte der Erinnerung oder Forschungsstätten der Historiker verstehen, sondern müssen uns an eines ihrer ursprünglichsten politischen Ziele erinnern: die Bewahrung von Rechten.

7 Stéphane Péquignot/Yann Potin (Hg.): Les conflits d'archives, Rennes 2022.

8 Leyla Dakhli: Archiving in the Age of (Counter)Revolutions, in: Sune Haugbolle/Mark Levine (Hg.): Altered States. Remaking of the Political in the Arab World, London 2022, S. 74–97.

9 Salvatore Carbone: Les Archives nationales du Liban. Guide. Inventaire. Centre des archives nationales du Liban, Beirut 1983.

10 Candice Raymond: Des guerres de papier. Ou la double vie des archives historiques libanaises de la Direction générale des Antiquités, in: Christine Jungen/Jihane Sfeir (Hg.): Archiver au Moyen-Orient. Fabriques documentaires contemporaines, Paris 2019, S. 47–77; Christine Jungen/Candice Raymond: Les trajectoires matérielles de l'archive, in: Pratiques d'archives. Fabriques, modelages, manipulations (= Ateliers d'anthropologie 36 [2012]); https://doi.org/10.4000/ateliers.9080.

11 Hannes Baumann/Jamil Mouawad: Wayn al-dawla? Locating the Lebanese State in Social Theory, in: The Arab Studies Journal 25,1 (2017), S. 66–91; https://www.jstor.org/stable/26528954.

Archive als Grundlage für Rechte

2005 wurde das Projekt *UMAM Documentation and Research* (UMAM D&R) ins Leben gerufen, das die archivalische Untätigkeit des Staates als eine «nationale Amnesie» kritisierte.[12] Das Projekt entlarvte das öffentliche Vergessen und die dahinterliegende Absicht, Spuren zu verwischen und sich von der Verantwortung für das, was während des Bürgerkrieges geschehen war, freizusprechen. UMAM sollte ein Ort werden, an dem Spuren dokumentarisch gesichert werden konnten. Das Projekt gründete auf der Überzeugung, dass alles, was vergraben wurde, irgendwann wieder zum Vorschein kommt und dass die Gräueltaten sich wiederholen würden, wenn sie nicht aufgedeckt werden. So verstanden, sind Archive ein Raum der Resilienz, ein gesamtgesellschaftlicher Schatz, der zum Zweck der Heilung und Befriedung deponiert wird. Es geht um den Aufbau eines kollektiven Gedächtnisses, das die organisierte Amnesie ersetzen soll, und um Ersatz für die fehlenden Gedenkstätten.

Das Projekt stemmt sich aber nicht nur gegen das staatliche Vergessen, sondern auch gegen die Art und Weise, wie der Staat Erinnerung politisiert. Es ist mit der massiven Präsenz einer hegemonialen staatlichen Gedenkkultur konfrontiert, die sich auf die Verehrung von Märtyrern und die Zurschaustellung von nationalen Traumata konzentriert. Darüber hinaus kritisiert UMAM bestimmte Folgen des Krieges – unter anderem die syrische Präsenz und die fortgesetzte Militarisierung der Gesellschaft im Süden des Libanon durch den von der Hisbollah verkörperten Widerstand, der seit dem israelischen Rückzug aus dem Südlibanon im Jahr 2000 als siegreich gilt.

So engagiert sich UMAM für eine kulturelle Anstrengung, die als eine Fortsetzung des Krieges in (relativ) niedriger Intensität angesehen werden kann.[13] Die Macht der Milizen und der ehemaligen militärischen Führer, der syrische Einfluss auf die libanesische Politik, politische Morde an Kritikern, das Fehlen eines gemeinsamen öffentlichen Raums und einer Gemeinschaft der Staatsbürger: All dies sind Spuren des Konflikts und gleichzeitig Meilensteine einer Auseinandersetzung, die andauert, in der frühere Brüche wieder offen zu Tage treten und sich in neue, mehr oder weniger akrobatische Konfigurationen verwandeln.

12 UMAM D&R, raisons d'être: https://www.umam-dr.org/en/home/about-umam/1/advance-contents/4/raisons-de-tre.

13 Sune Haugbolle: War and Memory in Lebanon, Cambridge 2010.

Die Aktivitäten von UMAM konzentrierten sich anfangs auf eine südliche Vorstadt von Beirut. Der Kreis des Projektes öffnete sich jedoch in dem Maße, wie der Zugang zum Archiv und seine räumliche Basis erweitert wurde. Diese Ausweitung verlief ganz und gar nicht reibungslos, und besonders an einem der Mitbegründer des Unternehmens, Lokman Slim, entzündeten sich heftige Leidenschaften. Seine Ermordung am 4. Februar 2021 zeugt von der Stärke und Gewalt der Fragen, die er sowohl durch seine Wortmeldungen als auch durch seine Suche nach einer in Dokumentationen und Zeugenaussagen bewahrten Wahrheit aufwarf.

Kampf mit Archivalien

In den neunziger Jahren ging die Dynamik des «Wiederaufbaus» mit Überlegungen zur Gerechtigkeit einher. Solche Ambitionen, die auch als «Gedächtnisinflation»[14] bezeichnet worden sind, wurden durch die sozialen Bewegungen und politischen Krisen in der zweiten Hälfte der 2000er Jahre entfacht. Die Mobilisierung im Herbst 2019 war dann eine weitere, noch stärkere Welle. In den 1990er und 2000er Jahren herrschte noch eine Form der kollektiven Trauer vor, ein Kriegsgedächtnis, das sich auf Verletzungen, Märtyrer und Heroen konzentrierte. Der Wiederaufbau vollzog sich in gewisser Weise durch die Manifestationen dieser Erinnerung in Stein des städtischen Raums. So etablierten sich plurale und konfliktreiche Erinnerungen, die durch diese Erinnerungsorte markiert wurden. Angesichts dieser Sedimentation konfliktreicher Erinnerungen entwickelte sich ein Ausdruck dessen, was Paul Ricœur als «gerechte Erinnerung» definiert hat.[15] Für die Entrepreneure der Erinnerung war Gerechtigkeit die zentrale Frage. Sie stifteten Archive, um Fakten zu schaffen und Beweise zu liefern. Sie glaubten an einen Übergangsprozess, der ein für alle Mal «die Rechnung begleichen» konnte.

Die wichtigsten Archive, allesamt privat und mit akademischen oder kulturellen Einrichtungen vernetzt, beteiligten sich gleich zu Beginn des Aufstands am 17. Oktober 2019 an einer Sammelaktion. Diese Geste stand in starkem Kontrast zu der spärlichen Archivdokumentation über die jüngste Geschichte des Libanon und bedeutete eine quantitive, jedoch keine qualitative Wende. Denn, wie oben ausgeführt, hatte sich das Sammeln

14 Frank Mermier/Christophe Varin (Hg.): Mémoires de guerre au Liban, Paris 2010, S. 16.

15 Paul Ricœur: La mémoire, l'histoire, l'oubli, Paris 2014.

und der Aufbau militanter Archive längst etabliert. Zu nennen sind hier auch und insbesondere jene Initiativen, welche die Geschichte Palästinas dokumentierten und das Paradigma der Geschichte eines Volkes ohne Staat und damit ohne Archiv darstellten. Diese Initiativen positionierten sich als Kampf gegen die Auslöschung und befassten sich beispielsweise mit dem palästinensischen Leben vor 1948.

Mit dem Ausbruch der «Oktoberrevolution» ergriff UMAM die Gelegenheit, das Geschehen auf den Straßen des Landes zu dokumentieren und gleichsam am lebenden Objekt zu arbeiten. Auch die American University of Beirut startete eine Sammlung von Materialien des Aufstands. Kann man dies als eine Lektion lesen, die aus den Versuchen, den Bürgerkrieg zu archivieren, gezogen wurde? Man könnte meinen, dass es beim Sammeln darum geht, die Wahrheit eines Moments zu bewahren, seine Komplexität zu erhalten und sein Wesen zu erfassen.

Heute arbeitet UMAM an verschiedenen Orten: im Haus des Gründers, wo auch Tagungsräume zur Verfügung stehen, im von Lokman Slim gegründeten und heute von seiner Schwester Rasha al-Ameer geleiteten Verlag Dar al-Jadeed, im «Hangar» für Ausstellungen, Filmvorführungen und Konferenzen, in Büros in Badaro, in denen die «kulturellen» Sammlungen aufbewahrt werden, und in einem Raum an der Nordküste, der für Ausstellungen und Aufführungen genutzt werden kann. Diese Räume vereinen die verschiedenen Dimensionen der Arbeit der Gründer; in ihnen ist die Archivierung mit der Arbeit des Erzählens – insbesondere durch die filmische Dokumentation – und mit dem Eingreifen in die öffentliche Debatte, verbunden. Es geht UMAM wahrlich nicht darum, Kartons in Regale zu stellen. Stattdessen ruft die Initiative zur Sorge um die Erinnerung auf und zum Sichtbarmachen der Fragmente von Vergrabenem und Abgesunkenem. Die Beschäftigung mit dem Gedächtnis und dem Umgang mit Archiven ist hier nicht allein den Archivaren und Historikern anvertraut, sondern wird von Künstlern, Journalisten und den verschiedenen Akteuren der öffentlichen Debatte in unterschiedlichen Genres und Aktionsformen betrieben.

Infolge der Ermordung von Lokman Slim hat sich UMAM neu erfinden müssen. Obwohl Slim seit langem – wegen seiner Erinnerungsarbeit, seiner Kritik am Einfluss der Hisbollah und des syrischen Regimes auf die schiitische Gemeinschaft – um seine Gefährdung wusste, war die Nachricht von seinem Tod ein Schock. Von Anfang an war die Arbeit von UMAM an Grenzen gegangen, handelte es sich doch um eine NGO, die sich durch Hilfsgelder finanzierte und deren gewaltige Aufgabe die begrenzten Kapazitäten ihrer wenigen Angestellten bei weitem überstieg. Während der vierzigtägigen Trauerfeier kündigte die Familie die Gründung der Lokman Slim Foundation an. Dies war ein weiterer Schritt, um die Aktivitäten, die seit der Gründung des Verlags, dann von UMAM und der Volksbildungsorganisation Hayya Bina durchgeführt worden waren, auszubauen und zu verstetigen. Auf diese Weise ist eine veritable Institution des kulturellen Widerstands entstanden, in deren Mittelpunkt der Kampf für die historische Wahrheit und gegen politische Gewalt steht. Zu dem Komplex gehört auch das MENA Prison Forum; dieses Projekt organisiert Initiativen rund um politische Repression, Meinungskampagnen und eine vielfältige Sammlung von Dokumenten zu diesen Themen.

Was macht das Archivieren zu einem mutigen Akt? Im Falle des Libanon gemahnt das Archiv daran, dass die Vergangenheit politisch virulent ist. Es ist bekannt, dass autoritäre Regime widerstrebende Erinnerungen vernichten wollen und dass die Zerstörung von Archiven zu den ersten Kriegszielen gehört. Ein rezentes Beispiel dafür ist der Fall der Organisation *Memorial*, die die Verbrechen der Stalinzeit in der ehemaligen UdSSR dokumentiert und heute von Putins Machtapparat verfolgt wird.

Die Krisen, die Syrien und seit 2019 den Libanon erschütterten, haben die Suche nach der historischen Wahrheit erneut zu einem gefährlichen Unterfangen gemacht. Sie haben latente Formen der Repression an die Oberfläche befördert und den Kampf um das Archiv, das durch die ihm zugeschriebenen Kräfte fast schon als magisch erscheint, radikalisiert. Die tiefen Fragen, die die jüngeren archivarischen Unternehmungen im Libanon aufwerfen, erwachsen weniger aus ihrem Material. Sie ergeben sich vielmehr aus der Geste des Archivierens selber, die immer auch die Möglichkeit einer Wiedergutmachung impliziert. Egal, ob man gemeinsam mit dem Staat handelt, ob man die Zugangs- und Bewahrungsbedingungen verändert, ob man versucht, ohne den Staat auszukommen, ihn zu umgehen oder zu ersetzen – all diese Aktionen formen die Archivlandschaft mit und sagen etwas über das archivierte Territorium, seine Geschichte und seine politische Situation aus. Die Sammlungen tragen in ihrer Existenz oder Abwesenheit, ihrer Form, ihrer Zugänglichkeit oder Verschlossenheit die Spuren von Gewalt – oder von Vernachlässigung.

In diesem Sinne sind Archive selbst Formen der Mobilisierung. Über die Forschung und Dokumentation im engeren Sinne hinaus stellt die Erinnerungsarbeit das dar, was Christophe Traïni als «Dispositive der Sensibilisierung» bezeichnet hat.[16] Was all diese Initiativen vereint, ist der Glaube an die Fähigkeit des Archivs, zu sensibilisieren und eine Arbeit zu leisten, die berührt. Im Archiv eingefangene Momente – etwa eine Mobilisierung oder eine staatliche Repression – und dort gelagerte Zeugenaussagen, egal ob sie nun von einer Kommission oder mehr zufällig aufgenommen wurden, sind Sedimente von Emotionen und gehören zum Leidschatz einer Gesellschaft. Im Gedächtnis einer Mobilisierung hallen die Emotionen nach, die sie hervorgerufen haben, und schaffen neue, von denen man hofft, dass sie die Mobilisierung verlängern können.

Die Archivarbeit setzt den Kampf fort. Archive nähren sich von der Angst, dass die Kraft der Erinnerung entweichen könnte. Sie scheinen dazu verurteilt, sich selbst als Fluch zu erleben, als eine Anhäufung von Worten, die Böses über das Land, die Familien und die Einzelpersonen bringen könnten. Und gleichzeitig werden die Archive weiterhin als Orte möglicher Wiedergutmachung wahrgenommen. Wiedergutmachung ist ein offener Raum, der das Gegenteil sowohl einer Neutralisierung der Vergangenheit als auch eines Tischlein-deck-dich ist, ein Ort, an dem man seine Narben zeigen kann, um bei ihrer Heilung voranzuschreiten. Wenn man dieser Spur folgt, kann man vielleicht verstehen, warum die Menschen des Libanon, die immer wieder mit neuen Krisen und Zerstörungen konfrontiert werden, hartnäckig daran festhalten zu archivieren, Spuren zu hinterlassen, und ihre geschundenen Erinnerungen als Kampf darzustellen.

Aus dem Französischen von Daniel Schönpflug

16 Johanna Siméant-Germanos/Christophe Traïni: Pourquoi et comment sensibiliser à la cause, in: Christophe Traïni (Hg.): Emotions … Mobilisation!, Paris 2009, S. 11–34.

Diana Abbani

Auf der Suche nach Beiruts Klang

Im Jahr 1936 veröffentlichte der Journalist Karam al-Bustani in der Beiruter Tageszeitung *Lisan al-Hal* (Die Stimme des Augenblicks) einen Artikel mit dem Titel «Das Lied, das wir uns heute wünschen».[1] Sein Text ist ein Plädoyer für einen neuen musikalischen Ausdruck, der den Wandel und die sozialen Veränderungen in der Stadt widerspiegelt. Er bittet die Künstler um «Lieder, die unsere Situation beschreiben, die ausdrücken, was unsere Herzen bewegt, die unseren Geschmack treffen und die Akkorde unserer Gefühle anschlagen». Seine Kritik ist ein Spiegel zeitgenössischer Diskussionen über musikalische Ausdrucksformen der Stadt Beirut, die im Jahr 1920 die Hauptstadt des unter französischem Mandat stehenden Libanon geworden war.[2] Wie viele Intellektuelle der Zeit fragte sich al-Bustani, was Beirut zu einer attraktiven Metropole der Moderne machen könnte: Waren es die populären Kabaretts und Nachtclubs oder eher die an eine schmale Bildungselite gerichteten Verlage, Universitäten und anspruchsvollen Konzerte?

Bis heute, da Beirut erneut mit fundamentalen politischen, wirtschaftlichen, sozialen und kulturellen Umwälzungen zu ringen hat, klingen Al-Bustanis Worte nach. Seit Jahren bin ich auf der Suche nach dem vergangenen Sound von Beirut, nach dem musikalischen Leben der Stadt, nach den Geschichten der Künstlerinnen und Künstler, die in den Kabaretts auftraten, nach der Musik und den Liedern, die die Stadt im 20. Jahrhundert durchtönten. Ich folge den Spuren von Geistern und der Erinnerung an Orte und an Worte, die längst verklungen sind. Doch das Fehlen von staatlichen Tonarchiven und die Unzugänglichkeit der Radioarchive machen meine Suche zu einer beschwerlichen Reise. Das verrät uns schon etwas über die selektive Bewahrung des kulturellen Erbes des Libanon. Auf meiner Suche entdeckte ich Privatarchive sowie Online-Foren und spezialisierte Websites, die mir Einblicke in die musikalische Vergangenheit Beiruts boten. Mir wurde immer klarer, dass Archive nicht nur alte Musikaufnahmen bewahren, sondern auch vergangene Kulturtechniken dokumentieren: von Schellack- und Vinylplatten bis hin zu mp3. Ich verstand, dass Archive weit mehr sind als bloße Verwahrstätten der Vergangenheit. Vielmehr müssen wir sie uns als dynamische Foren vorstellen, die

1 Karam al-Bustani, al-ghina' al-ladhi nuriduhu al yawm: shabi'na nadban wa-'awilan, fa-hatu mufrihan wa-muhammisan (Das Lied, das wir uns heute wünschen: Wir haben genug getrauert und geweint, bringt uns Freude und Aufregung), in: Lisan al-Hal, 27. Juni 1932, Nr. 111325.

2 Vgl. ausführlicher Diana Abbani: Beirut's Musical Scene: A Narrative of Modernization and Identity Struggles under the French Mandate, in: Middle Eastern and North African Societies in the Interwar Period. Hg. von Kate Fleet/Ebru Boyar, Leiden 2018, S. 54–77.

von Machtstrukturen und hegemonialen Wissenskonstellationen geprägt werden. Archive kanalisieren und formen kollektive Erinnerungen.

Die AMAR-Stiftung

Wie in der gesamten arabischen Welt ist die Landschaft der Musikarchive in Beirut gleichermaßen vom Fehlen staatlicher Einrichtungen wie von einem komplexen Zusammenspiel privater Akteure gekennzeichnet.[3] Obwohl der libanesische Staat seit seiner Unabhängigkeit im Jahr 1943 bestrebt ist, die Kontrolle über Radio, Fernsehen und kulturelles Erbe zu erlangen, ist es ihm nie gelungen, funktionierende Archive, insbesondere kein Musikarchiv, aufzubauen. Selbst die Archive der öffentlichen Radio- und Fernsehstationen sind heute vernachlässigt und unzugänglich – trotz einmal ambitionierter, doch schließlich gescheiterter Ansätze, sie zu pflegen und zu erhalten.[4] In diesem Zusammenhang haben sich private Initiativen und Sammlungen als wichtige Orte für die Bewahrung des musikalischen Erbes erwiesen. Ihre Zugänglichkeit ist jedoch oft eingeschränkt, und die Abhängigkeit von den Interessen eines privaten Sammlers kann zu Lücken und Verzerrungen in der Darstellung des musikalischen Erbes führen. Dies zeigt der Fall der Stiftung Arab Music Archiving and Research Foundation (AMAR).[5]

Die von dem Rechtsanwalt Kamal Kassar auf eigene Faust finanzierte Stiftung AMAR ist ein Paradebeispiel für die Probleme, die bei der Bewahrung kulturellen Erbes durch private Sammler entstehen. Laut Website der Stiftung besitzt AMAR eine Sammlung von 7000 Schallplatten aus dem frühen 20. Jahrhundert sowie Tonbandaufnahmen in einem Umfang von etwa 6000 Stunden, die bis in die 1950er Jahre zurückreichen. Damit handelt es sich um eine der größten bekannten Sammlungen ägyptischer und syrisch-libanesischer Musik. Die Sammlung wird von Forschern, Wissenschaftlern und Musikexperten betreut. Sie praktiziert zeitgemäße Konservierungstechniken und ist in der Archivierung auf dem neuesten technischen Stand.

Das Hauptaugenmerk von AMAR liegt auf der Erhaltung des arabischen musikalischen Erbes der *Nahda*,[6] die bis in die 1930er Jahre reicht und jahrelang vernachlässigt wurde. AMAR ist nicht

3 Für eine detaillierte Studie über arabische Archive siehe Pierre France: Archives sauvages et bootleggers des musiques arabes, in: Annales islamologiques 53 (2019): http://journals.openedition.org/anisl/5867.

4 Zuletzt wurde im Jahr 2022 eine Partnerschaft zwischen dem Institut national de l'audiovisuel (INA) und dem libanesischen Informationsministerium zur Erhaltung des audiovisuellen Erbes des Libanon unterzeichnet. Das Projekt «Sicherung, Digitalisierung und Aufwertung des libanesischen Medienerbes» zielt darauf ab, die Archive von vier libanesischen Institutionen zu digitalisieren: Radio Liban, Agence Nationale de l'Information (ANI), die Direction des études et publications des libanesischen Informationsministeriums und Télé Liban. Es ist indes nicht unproblematisch, das audiovisuelle Erbe des Libanon unter die Kontrolle einer französischen Institution zu stellen und, nach dem Ende der Kolonialzeit, neue hegemoniale Dynamiken zu schaffen.

5 https://www.amar-foundation.org.

6 «Nahda» bezeichnet eine geistige Bewegung, die die Grundwerte des Islam mit der Moderne zu verbinden sucht.

nur bestrebt, diese Musik zu bewahren, sondern auch wissenschaftliche Forschung dazu zu produzieren und diese zu verbreiten. Musik, die außerhalb dieses Sammlungsschwerpunkts liegt, findet jedoch nur begrenzte Berücksichtigung. Dies ist Ausdruck einer bewussten Selektion: Nur ein kleiner Ausschnitt des reichen musikalischen Erbes des Libanon findet hier so seinen Niederschlag.

Zudem ist es nicht vielen, so wie mir, vergönnt, im AMAR-Archiv zu arbeiten, denn der Zugang ist akademischen oder kulturellen Eliten vorbehalten. Es braucht gute Verbindungen, über die die meisten libanesischen Bürger nicht verfügen. So steht die Privatisierung des kulturellen Erbes seiner Öffnung für weite Teile der Bevölkerung im Wege. Selbst die zugelassenen Forscher haben keinen Zugang zur gesamten Sammlung, denn ihre Arbeit hängt davon ab, welches Material ihnen zur Verfügung gestellt wird – so werden bestimmte Aufnahmen wegen ihres hohen Wertes oder ihrer Fragilität von der Nutzung ausgeschlossen. Zusätzlich trägt die Tatsache, dass sich das Archiv in Kassars Privathaus im Dorf Qurnet el-Hamra, nördlich von Beirut, befindet, auch nicht unbedingt zu seiner Zugänglichkeit bei.

Digitale Plattformen

Wegen der Beschränkungen privater Archive begann ich nach anderen Möglichkeiten zu suchen, das musikalische Erbe Beiruts im frühen 20. Jahrhundert zu ergründen. Ich stieß auf Online-Foren und digitale Plattformen, die in den frühen 2000er Jahren entstanden und damals die Verfügbarkeit von Archivmaterial revolutionierten. Mit der Verbreitung des Internets wurde es Enthusiasten möglich, seltene Aufnahmen zu entdecken und auszutauschen. Plattformen wie *Sama3y*[7] haben die Zugänglichkeit von Tonkonserven massiv erweitert, doch auch diese Plattformen sind nicht uneingeschränkt nutzbar. Auch sie sind an Interessen von Sammlern gebunden. Zudem werfen sie Fragen nach Eigentumsverhältnissen auf und führen zu Rechtsstreitigkeiten über urheberrechtlich geschütztes Material. Darüber hinaus sind die auf diesen Plattformen ausgetauschten Informationen nicht immer verlässlich und knappe Mittel führen zu Problemen bei der Wartung und bei regelmäßigen Upgrades.

7 https://www.sama3y.net/forum.

8 Fairuz (geb. 1934) ist eine berühmte libanesische Sängerin, deren Zusammenarbeit mit ihrem Ehemann, Assi Rahbani (1923–1986), und dessen Bruder, Mansour Rahbani (1925–2009), beide Komponisten, Musiker und Theaterautoren, die libanesische Musik und Identität seit den 1950er Jahren geprägt hat. Ihre Musik stellt eine Mischung aus ländlicher Folklore, populären Melodien, kirchlichen Hymnen und europäischen Stilen dar, mit arabischen Texten sowohl im alltagssprachlichen Libanesisch wie in klassischem Arabisch.

Die 2005 gegründeten digitalen Musikbörsen *Zaman al-Wasl* und *Zeryab* spielten für einige Zeit eine Vorreiterrolle bei der Verbreitung orientalischer und arabischer Musik aus dem späten 19. und frühen 20. Jahrhundert. Anfangs stellten sie hohe Hürden für Mitgliedschaft und Zugang auf und verlangten von ihrer Community ein «echtes Engagement» für die Erhaltung des kulturellen Erbes. Auf diese Weise sollte ein gewisses Diskussionsniveau gewahrt und die Integrität des Archivs geschützt werden. Der Austausch zwischen Sammlern und passionierten Zuhörern drehte sich vielfach in diskursiven Foren um die Frage, was bewahrt und weitergegeben werden sollte. Einige Plattformen konzentrierten sich auf bestimmte Epochen oder Stile, etwa die Epoche vor den 1950er Jahren. Andere forderten eine nationale Perspektive ein oder stellten die kulturelle Relevanz von Aufnahmen in Frage, die von westlichen Trends beeinflusst waren. Diese Diskussionen förderten – genau wie im Fall von AMAR – ein elitäres und dogmatisches Narrativ, das zur Erhaltung bestimmter «authentischer» Musikstile beitrug, während anderes dadurch schnell der Vergessenheit anheimfiel.

Inzwischen sind die meisten Foren dieser Art geschlossen oder weitgehend inaktiv. Das Schicksal von *Zeryab* steht für einen allgemeinen Trend; das Forum ging 2013 vom Netz, nachdem Rima Rahbani, die Tochter des Künstlerpaares Fairuz und Assi Rahbani, eine Klage wegen Verletzung des Urheberrechts an den Werken ihrer Familie eingereicht hatte.[8] Trotz aller Bemühungen, die Urheberrechtsgesetze einzuhalten, schaltete der amerikanische Hosting-Server das Forum vollständig ab und weigerte sich, die hochgeladenen Dateien freizugeben.

In dieser archivalischen Landschaft habe ich mich vor zehn Jahren auf die Suche nach dem Klang von Beirut gemacht. Ich nutzte die verfügbaren Archive und die Möglichkeiten, die sie boten. Ich folgte zahlreichen Sammlern, die einige ihrer seltenen Funde und Geschichten von Sängern auf Plattformen teilten. Ich suchte nach älteren Zeitzeugen und hörte ihren Erzählungen aufmerksam zu. Ich ergänzte die so gewonnenen Informationen durch die Auswertung schriftlicher Quellen aus Büchern, Zeitschriften und Magazinen. Nachdem ich so Teile eines weit verstreuten Puzzles eingesammelt hatte, versuchte ich die fragmentierte Geschichte der Musiken Beiruts im frühen 20. Jahrhundert zusammenzusetzen.

Qasida

Unter den zahllosen Geschichten, denen ich begegnet bin, haben mich jene der Sängerinnen aus dem Beirut des frühen 20. Jahrhunderts besonders fasziniert. Diese Frauen traten in den Kabaretts der Stadt auf, sie tourten durch die gesamte Region bis nach Damaskus, Aleppo, Bagdad oder Kairo und nahmen Platten mit lokalen und internationalen Firmen auf. Dass sie ihre Stimmen und ihre Körper in der Öffentlichkeit präsentierten, führte zu Stigmatisierung und enormem gesellschaftlichen Druck. Eine dieser Sängerinnen, Badriya Saadeh, eine bekannte *Shami*-Sängerin, erregte meine Aufmerksamkeit mit einer Aufnahme des Titels «Mata ya kiram al-hay»[9] bei der Beiruter Plattenfirma Baidaphon. Es gibt kaum Informationen über Badriya, doch zeugt ihre imposante Stimme und ihr meisterhafter Gesang von einem immensen Talent, das die Essenz des arabischen Gesangs dieser Zeit einzufangen scheint.

Bei dem genannten Lied handelt es sich um eine *Qasida*,[10] eine Form der Vokalimprovisation, die tief in der klassischen arabischen Poesie verwurzelt ist. Der Text des Liedes geht auf den Dichter Abu Madyan al-Tilmisani (1115–1198) zurück, einen andalusischen Mystiker und Sufi-Meister, der in der Tradition der vorislamischen *Qasida* steht. In ihrem Lied besingt Badriya Saadeh auf dem verlassenen Lagerplatz seines Stammes einen verflossenen Geliebten und sehnt sich nach einem Wiedersehen. Solche Lieder sind oft von mystischen Motiven der Liebesdichtung durchzogen, die als *Ghazal* bekannt wurden. Sie haben gleichermaßen weltliche wie sakrale Bedeutung. Sie drücken Sehnsucht nach der Vereinigung mit dem Göttlichen und nach grenzenloser göttlicher Liebe aus.

Das Repertoire der Sängerinnen des frühen zwanzigsten Jahrhunderts war überaus vielschichtig. Viele von ihnen nahmen in einem wilden Potpourri sowohl leichte oder obszöne Lieder auf, wie etwa Heirats- und Kabarett-Lieder *(taqatiq)*, als auch anspruchsvolle weltliche und religiöse Stücke. Die Themen, mit denen sich diese Frauen in ihrer Musik auseinandersetzten, forder-

9 «Oh, ehrbare Leute der Nachbarschaft»; eine Aufnahme ist verfügbar auf https://soundcloud.com/jeem_me/13-emp3-ws?utm_source=clipboard&utm_medium=text&utm_campaign=social_sharing.

10 Für eine Einführung und Klangbeispiele siehe https://www.amar-foundation.org/001-alqasida-ala-al-wahdah.

ten gesellschaftliche Normen und Erwartungen heraus und prägten so die Atmosphäre ihrer Zeit. Die zahlreichen Aufnahmen von *Qasa'id*, die zu Beginn des 20. Jahrhunderts in Beirut, im Bilad al-Sham[11] und in Ägypten hergestellt wurden, zeugen von der großen Beliebtheit dieser Musikgattung und ihrem festen Platz im musikalischen Erbe. Aufgrund ihrer klassischen Sprache und der anspruchsvollen Improvisationen wurden sie als Höhepunkt der arabischen Kunstmusik angesehen. Trotzdem wurde in den 1920er Jahren Kritik an den *Qasa'id* und ihren klischeehaften Liebes- und Trauerbekundungen laut. Wie Karam al-Bustani in seinem Plädoyer für das zeitgemäße Lied kritisierten viele Autoren die klagenden, sehnsüchtigen und schwermütigen Lieder als Relikte einer überkommenen Ära, die nicht mehr zu dem modernen Image passten, das die lebendige Stadt sich selbst zu geben versuchte.

Mawwal Baghdadi

Auch eine andere Musikform, der *Mawwal Baghdadi*,[12] wurde nach dem Ersten Weltkrieg wegen seiner Konventionalität und fehlenden Innovation kritisiert, obwohl er sich in Beirut und im gesamten Bilad al-Sham großer Beliebtheit erfreute. Dieser Stil ist irakischen Ursprungs und verband Elemente der Volkskultur und der Kunstmusik. Die spezifische Schwierigkeit dieses Genres bestand darin, eine Sprache verständlich zu machen, die einerseits klassische Elemente verwandte, andererseits tief in beduinischen und anderen ländlichen Kulturen verwurzelt war und sich darüber hinaus durch eigentümlich vertrackte Wortspiele auszeichnete.

Anders wurden hingegen Aufnahmen von *Mawawil Baghdadiyya* bewertet, die emotionale Appelle zum politischen Kampf enthielten. Während der kolonialen Umwälzungen nach dem Ersten Weltkrieg, in deren Verlauf die Region unter französisches und englisches Mandat kam, fanden diese Lieder großen Anklang und befeuerten die arabischen Bestrebungen nach einem unabhängigen Staat. Während die Autoren der traditionellen *Mawawil* zumeist unbekannt waren, wurden viele der neuen politischen Lieder, insbesondere die Lieder des angesehenen Beiruter Sängers und Tanbour-Spielers Mohieddine

11 Historische Bezeichnung der Region des heutigen Syrien, Libanon und Palästina.

12 Für eine Einführung und Klangbeispiele siehe https://www.amar-foundation.org/013-the-mawwal.

Baayoun (1868–1934),[13] von renommierten Dichtern der Zeit verfasst.

Diese *Mawawil* behandelten aktuelle Themen, brachten patriotische Gefühle zum Ausdruck, kritisierten die französische Kolonialherrschaft und feierten die Siege des syrischen oder arabischen Volkes. In einer Aufnahme mit dem Titel «Bil-Sham tabbet masayeb»[14] klagt Mohieddine Baayoun über die arabischen Niederlagen gegen die Franzosen. Das Lied bedient sich einer nationalistischen Rhetorik, verherrlicht Syrien und besingt ein Volk, das sich gegen Ungerechtigkeit und Fremdherrschaft auflehnt. Der Zeitpunkt der Aufzeichnung und Komposition des Liedes ist unbekannt, möglicherweise bezieht es sich auf ein konkretes Ereignis wie die Schlacht von Maysalun (1920) oder den Großen Syrischen Aufstand (1925–1927). Jenseits aktueller politischer Themen vermittelte der *Mawwal* auch traditionelle Bilder von Männlichkeit, Mut und Märtyrertum.

Rhythmen des Wandels

Die zwanziger und dreißiger Jahre waren eine Zeit des Umbruchs in der Beiruter Musiklandschaft. Das Aufkommen von Vergnügungslokalen, eine florierende Schallplattenindustrie und die Entstehung einer modernen Mittelschicht, die über Freizeit und auskömmliches Einkommen verfügte, begünstigte die Entstehung pulsierenden kulturellen Lebens. In diesem Umfeld entstand ein ganz neues Musikgenre: satirische und politische Stegreifdichtung *(zajal)* in der Umgangssprache.[15] Inspiriert von der kommerziellen und populären Musik der Pariser Varietés, unterschied sich dieses innovative Genre grundsätzlich von den bereits vorgestellten traditionellen Musikstilen. Statt Improvisation herrschten hier prägnante Kompositionen vor, die von europäischen Musikstilen durchdrungen waren. Zugeschnitten auf ein aufstrebendes Mittelschichtpublikum, thematisierten sie die Verwestlichung der Gesellschaft, die Dominanz der Kolonialherren und die politische Korruption. Auf Schellackplatten gepresst und später im Radio ausgestrahlt, wurde *Zajal* zu einer Mode und zu einem höchst profitablen Geschäft. Für die Zeitgenossen spiegelten sie den zeitgenössischen Rhythmus und Lebensstil der Stadt wider.

13 Für eine Einführung und Klangbeispiele siehe https://www.amar-foundation.org/059-muhyiddin-bayun-1.

14 «Bilad al-Sham ist vom Unglück befallen», Aufnahme verfügbar auf https://www.youtube.com/watch?app=desktop&v=wp9JiZY3h4A.

15 Zum Aufkommen der Schallplatten- und Unterhaltungsindustrie in Beirut und zur Modernisierung der Stadt siehe Nada Sehnaoui: L'occidentalisation de la vie quotidienne à Beyrouth, 1860–1914, Beirut 2002. Bernard Moussali/Jean Lambert: Géostratégie de l'enregistrement commercial, in: Les Premiers Chanteurs des Bilad al-Sham, Beirut (AMAR Foundation) 2014, S. 214; Diana Abbani: Musique et société au temps de la Nahda. Diss., Paris IV – Sorbonne, 2018.

Ein bemerkenswertes Beispiel ist eine Platte mit dem Titel «Ya mal el-sham ya oje»,[16] die nicht nur die Zirkulation von Künstlern zwischen verschiedenen Städten und die Zusammenarbeit zwischen Künstlern der gesamten Region veranschaulicht, sondern auch die ganze Bandbreite politischer Satire offenbart. Den *Zajal*, der von dem berühmten Beiruter Dichter und Chansonnier Omar al-Zaani (1895–1961) verfasst wurde, trug eine berühmte jüdische Sängerin aus Aleppo vor: Rachel Smuha (1895–1955), die unter ihren Künstlernamen Fayruz al-Halabiya und Fayruz Mamish auftrat.[17] Mitte der zwanziger Jahren, inmitten der syrischen Revolte, suchte Fayruz Mamish Zuflucht in Beirut, wo sie große Erfolge feiern konnte. Ihre Auftritte, über die in den Beiruter Zeitungen begeistert berichtet wurde, zogen ein großes Publikum an, das gebannt ihrer kraftvollen Stimme und ihren gefühlvollen Texten lauschte. Im genannten Lied prangert Mamish die Ungerechtigkeit der Kolonialherrschaft an und kritisiert gleichzeitig die Kollaboration der autochthonen Eliten mit den Franzosen. Sie verurteilt die Ungleichheit und Korruption in der Gesellschaft, wo die Wohlhabenden und Mächtigen, ob Vertreter der Kolonialmacht oder lokale Kollaborateure, die Armen und Schwachen ausbeuten und unterdrücken. Abgesehen von solchen provozierenden Texten ist es bemerkenswert, wie sich der soziale Status bestimmter Sängerinnen in dieser Zeit entwickelte. Frauen wie Fayruz Mamish, die oft als *Mutribat* (wörtlich: «professionelle Sängerinnen») bezeichnet werden, erarbeiteten sich nicht nur Respekt, sondern auch als Künstlerin ein regelmäßiges Einkommen.

16 «Oh Schönheit aus Syrien, du bist verdreht», Aufnahme verfügbar auf: https://www.youtube.com/watch?v=5csuSEuApuQ. Der Titel und der erste Satz von al-Zaanis Gedicht stammen aus dem traditionellen Lied «Ya mal al-Sham», das der Damaszener Musiker und arabische Theaterpionier Abu Khalil al-Qabbani (1835–1902) Ende des 19. Jahrhunderts komponierte. «Oje», ein Wort aus dem Beiruter Dialekt, bedeutet übersetzt «verdreht», «verzerrt».

17 Der Name der berühmten libanesischen Sängerin Fairuz ist von ihr inspiriert, https://www.sama3y.net/forum/showthread.php?t=10323.

Vom Umschreiben der Musikgeschichte

In den vierziger Jahren führten Veränderungen in der Musikindustrie – mit dem Aufstieg von Radio und Kino gingen rückläufige Schallplattenverkäufe einher – zum allmählichen Verschwinden sämtlicher einst so beliebter Genres in der Beiruter Musikszene. *Qasa'id* und *Mawawil* verloren langsam an Popularität und wurden als veraltet und nicht mehr zeitgemäß empfunden. So beförderte das Ende der Mandatszeit im Jahr 1943 das Aussterben einer Musikkultur, in der sich traditionelle und westliche Einflüsse gemischt hatten, die ein dynamisches soziales

Gefüge in Beirut widerspiegelte und durchaus kritische Töne anschlug.

Bis weit in die fünfziger Jahre wurde über die musikalische Identität des neu gegründeten libanesischen Staates diskutiert. Diese Suche wurde nach der Unabhängigkeit 1943 durch das Fehlen eines kulturellen Rahmens erschwert, der geeignet gewesen wäre, die verschiedenen Gemeinschaften des Libanon unter dem Dach einer neugegründeten Nation zu vereinen. Der unabhängige Libanon rang um sein musikalisches Wesen und wandte sich schließlich der ländlichen Musik oder Bergfolklore[18] (wie *qerradeh, mu'anna, 'ataba* oder *mijana*) als Residuen von Authentizität zu, während er die städtischen Musikstile wie die *Qasa'id* oder *Mawawil Baghdadiya* aufgab. Staatlich geförderte Initiativen wie das Baalbek-Festival spielten eine entscheidende Rolle bei der Ausprägung dieses neuen Verständnisses eines spezifischen libanesischen Klanges, der von ausländischen Eintrübungen befreit werden sollte. In den 1960er Jahren bildete sich eine eigenständige «libanesische Musik» heraus, die westliche Anklänge mit ländlichen Traditionen verband; hier können stellvertretend die Brüder Rahbani genannt werden.[19] Dieser Neuanfang ging mit dem Umschreiben der nationalen Musikgeschichte einher und führte zumindest zeitweilig dazu, dass eine ganze Ära dem Vergessen anheimgegeben wurde.

Heute kann das vergessene musikalische Erbe wiederentdeckt werden. Die vorhandenen Quellen sind, trotz aller genannten Einschränkungen und Kontroversen, von besonderem Wert. Denn der fragmentierte Charakter der Archive spiegelt die zerrissene Geschichte der Stadt Beirut und die Vielfalt der ineinander auch widersprüchlichen Stimmen und Geschichten wider. Von traditionellen musikalischen Formen bis hin zum Aufkommen einer eigenständigen «libanesischen Musik» steht jedes Genre für neue Ansprüche, für Träume und Ängste der Bewohner von Beirut – für eine neue städtische Identität.

18 Für eine Einführung und Musikbeispiele siehe https://www.amar-foundation.org/193-folk-music-in-lebanon-1.

19 Weitere Informationen über die Rahbani-Musik und den libanesischen Nationalismus finden sich bei Christopher Stone: Popular Culture and Nationalism in Lebanon: The Fairouz and Rahbani Nation, New York 2007.

FOUAD ELKOURY

Sniper's Bar

Spuren aus Beiruts Kriegsserie

Bei Sniper's brennt noch Licht. Zerstörung und Amüsement liegen in Beirut dicht nebeneinander. Fouad Elkoury hat seit den siebziger Jahren Beiruts extremes Lebensgefühl in eindrücklichen Fotografien eingefangen. Wir zeigen in dieser Ausgabe sechs Bilder aus seinen Serien.

Abb. 1
Sniper's Bar, Beirut 1994. Aus der Serie «Spuren des Krieges, 1994–1997».

Abb. 2
The picnic, Baalbek, Libanon, 1979. Aus der Serie «Bürgerkrieg, 1977–1986».

Abb. 3
The Sporting Club, Beirut 1982. Ein paar Tage vor dem Ausbruch des Libanonkrieges und dem Einmarsch der israelischen Armee. Aus der Serie «Bürgerkrieg, 1977–1986».

Abb. 4
Passage du musée, Beirut 1982. Im libanesischen Bürgerkrieg markierte das zur Ruine und zum Gefechtsposten verkommene Nationalmuseum die Demarkationslinie zwischen Ost- und West-Beirut.
Aus der Serie «Bürgerkrieg, 1977–1986».

Abb. 5
Image on asphalt,
Beirut 1991. Aus der Serie
«Beirut City Centre, 1991».

Abb. 6
Opera House, Beirut 1994.
Aus der Serie «Spuren des Krieges, 1994–1997».

Bildnachweis:
Abb. 1–6: © Fouad Elkoury.

Elias Khoury

Die Stadt der Fremden

Elias Khourys Essay wurde auf Arabisch in *Majallat al-dirasat al-filastiniyya* im Herbst 2020 veröffentlicht.

Beirut ist ein Apfel
Das Herz lächelt nicht
Unsere Belagerung ist eine Oase
In einer sterbenden Welt
Werden wir auf dem Platz tanzen
Und den Flieder heiraten

Aus Mahmoud Darwish, «Die Qaside von Beirut»

I.

Wie Mahmoud Darwish auf die Apfelmetapher für Beirut gekommen ist, weiß ich nicht. New York wird von seinen Bewohnern als Big Apple bezeichnet. Somit gäbe es also zwei Äpfel, einen großen an der Atlantikküste und einen kleinen am Mittelmeer. Die beiden Äpfel gleichen sich in vieler Hinsicht. Sie sind am falschen Ort. New York gehört laut Paul Auster nicht zu Amerika, und Beirut, angesichts seiner tragischen Geschichte, nicht zum Libanon.

Zwei Äpfel hängen am Ast der Metapher. Es sind Äpfel der Versuchung, der Kreativität und der Missverständnisse: New York ist nicht Babel, und Beirut ist nicht Sodom. Zwei Äpfel, die alle Widersprüche in sich bergen, von der Fifth Avenue bis zum Greenwich Village und von Hamra und Gemmayze bis Achrafieh und Basta. Doch während der New Yorker Apfel immun zu sein scheint und in der Lage, die Tragödie seiner beiden 2001 zerstörten Türme zu überwinden, durchlebt der Beiruter Apfel aufeinanderfolgende Zyklen der Verwüstung. Jede Stadt ist ein Spiegel. Es ist das Schicksal des Spiegels, dass diejenigen, die an ihm vorbeigehen, sich zwar selbst sehen, er sich aber nicht an sie erinnert; sein Gedächtnis besteht aus dem Brandzeichen, das die Passanten auf seinem Körper hinterlassen.

Der Dichter Adonis baute ein «Grab für New York», und der Poet Khalil Hawi «schrie vor den geliehenen Gesichtern». Doch erwies sich das Grab am Ende nicht als Grab, während die geliehenen Gesichter ihre Masken niemals abnahmen. Khalil Hawi beging 1982 während der israelischen Invasion von Beirut Selbstmord, und Beirut verfing sich im Sturm der Geschichte, der die Stadt immer wieder aufs Neue zerstört.

Aber Beirut ist kein Apfel.

Die Überlieferung besagt, dass Beirut «Pinienbaum» bedeutet. Pinien umgaben einst die Stadt und verliehen ihr den Duft von Weihrauch. Die Pinienwälder reichten bis zum Meer, auf dem Schiffe aus Pinienholz fuhren. Doch Pinienkerne, aus denen die Beiruter eine wohlschmeckende Zutat zum Würzen ihrer Speisen und zur Herstellung ihrer Süßspeisen machen, eignen sich wohl nicht als Metapher: Dagegen trägt der Apfel der biblischen Erzählung zufolge die Versuchung der ersten Sünde in sich, und die Zeder ist laut den Psalmen Davids gepflanzt im Haus Gottes, während die Pinie ein Baum ist, dessen Schatten wenig Schutz vor der Sonne bietet; das Aroma seiner kleinen Früchte kann nur mit feinsten Sinnen erkannt werden.

Beirut schult die Sinne, lehrt, die flüchtigsten Gerüche und schwer fassbaren Geschmacksrichtungen wahrzunehmen. Aber ihr eigener Geruch hat keinen Namen, mit dem sich die Stadt identifizieren ließe. Wie kann man einem Geruch einen Namen geben, den man erst in dem Moment wahrnimmt, in dem er unserer unzureichenden Sprache entgleitet? Sind nicht alle Sprachen begrenzt und unfähig, die Rhythmen der Sinne und die Erschütterungen der Seele zu erfassen?

Beirut wurde als Pinienbaum am Ufer des Mittelmeers geboren. Gegründet von den Einwohnern der Stadt Byblos, entwickelte sich Beirut zu einer bedeutenden römischen Metropole, bevor die Stadt in einen langen historischen Schlaf verfiel, aus dem sie erst im neunzehnten Jahrhundert erwachte, als sie als Hafen für das syrische Hinterland wiederaufgebaut wurde.

Eine neue Stadt also, deren Hafen in der Mitte des neunzehnten Jahrhunderts zu expandieren begann und die heute einen Moment erlebt, der einem Todeskampf nicht unähnlich ist. Als ob die monströse Explosion vom 4. August 2020 nicht nur die Stadt in die Luft sprengte und fast ein Drittel von ihr zerstörte, sondern auch der Todeskuss war für eine durch Besatzung und Tyrannei ermordete arabische Levante.

Auch wenn Beirut kein Apfel ist, ist es äußerst schwierig, eine stimmige Antwort auf jene Frage zu geben, die mir mein Sohn als Kind stellte. Wir lasen gerade einige Passagen aus Mahmoud Darwishs «Qasidat Beirut». Als das Gedicht an die Stelle kam, in der es heißt, dass Beirut ein Apfel sei, fragte mein Sohn verwundert: «Ein Apfel? Du meinst, wir können ihn essen?» Seine Schwester lachte und versuchte uns zu erklären, dass «Apfel» nicht gleichbedeutend ist mit «Apfel». «Es bedeutet *wie* ein Apfel», sagte sie, und so wurde die Sache noch komplizierter. Ich sagte, dass «Apfel» eine Metapher sei und dass Metaphern es uns ermöglichen, das eine zu sagen, um etwas anderes auszudrücken. Wir konnten die Bedeutung der Apfelmetapher nicht klären, aber die Musik darin berauschte uns alle drei. Literatur ist der Versuch, die Unfähigkeit der Sprache zur Benennung mancher Dinge durch die Erfindung neuer Namen zu umgehen, die in den Rhythmus der Sinne und die Potentialität der Sprache eingebunden sind.

Aber wir haben gesehen, wie die Bestie in die Metapher biss und den Apfel zerriss.

Der Duft von mit Wasser vermischtem Wein, von dem der arabische Dichter der Abbasidenzeit Abu Nuwas sagte, dass er ihn an die Äpfel des Libanon denken ließ, ist dem Geruch des Todes gewichen: «Ein alter Wein aus dem Bottich, der sich mit Wasser vermischt, und ein Aroma, das an die Äpfel im Libanon erinnert.»

Am 4. August 2020 erlebten wir eine Art von Ende.

Das zerbrochene Glas wurde zu den Augen der Stadt, die über den mit Haustrümmern bedeckten Asphalt verstreut lagen. Es blutet aus den Augen, und Beirut sieht sich zum ersten Mal in zerbrochenen Spiegeln. Als wir über die Augen der Stadt zum Zentrum der Dunkelheit liefen, fanden wir unseren Weg, indem wir den Blutspuren folgten, die aus Tausenden von Verwundungen gesickert waren.

II.

«Ist Beirut schön؟», fragte er mich.

«Das hängt davon ab, was du unter schön verstehst», antwortete ich.

«Schön bedeutet schön. Kann man ihre Architektur mit der von Aleppo, Damaskus, Jerusalem oder Nablus vergleichen؟»

«Natürlich nicht», antwortete ich.

«Worin liegt dann ihre Schönheit؟», fragte er mich.

Ich ging mit einem französischen Arabisten durch die kleinen Straßen des Boulevard Saint Germain in Paris. Der Mann, der in Damaskus Arabisch studiert hatte, war besessen von der Magie dieser orientalischen Stadt. Er sagte, er sei enttäuscht gewesen, als er zum ersten Mal nach Beirut kam. Beton, der sich an Beton schmiegt, städtebauliches Chaos und eine Stadt, deren einzige Schönheit im Meer liegt. Er sagte, viele seiner Freunde in Damaskus seien von Beirut verzaubert, er aber fühlte sich von dieser Stadt abgestoßen.

«Du hast Recht, sagte ich ihm. «Beirut ist nicht schön, aber sie hat *fitna*.»

«*Fitna*؟», fragte er. «Was meinst du damit؟»

Ich versuchte ihm die Bedeutung von *fitna* zu erklären, aber das Französische war keine Hilfe.

«Du meinst *attirante*؟», sagte er.

«Nein, mein Lieber. Ich spreche von Beiruts *fitna*, und nicht von ihrem Charme.»

Ich erzählte ihm von dem «*fitna*-Baum», der unsere Augen auf dem kleinen Berg im Stadtteil Achrafieh erfüllte. Ein Baum, der nur weiße Blüten mit gelbem Punkt in der Mitte hervorbringt und dessen Duft unsere Abende durchzog. Ich sagte, Beirut sei wie ein *fitna*-Baum: Der Duft seiner Blüten weckt das Gefühl der *fitna*, der Verliebtheit, und sein samtiges Weiß, gefärbt durch den gelben Mittelpunkt seiner Blüten, entführt uns in die Welt der Liebe und ihrer Geheimnisse. Im Gespräch mit ihm empfand ich, dass dieser Vergleich (der mir spontan in den Sinn kam, um den Verlockungen des Damaszener Jasmins zu entgehen) treffend war, nicht wegen der Blume, sondern wegen des Namens.

«Beirut ist *fitna*», sagte ich.

Es ist schwierig, ihre Natur oder die Ursache ihrer *fitna* zu erklären. Der Verliebte ist sich nicht bewusst, dass es ihre *fitna* ist, die ihn umgarnt. So, wie der Liebende versucht, seine Leidenschaft mit Worten zu heilen, in der Hoffnung, die Geheimnisse seines Herzens zu lüften, nur um festzustellen, dass diese Geheimnisse noch geheimnisvoller geworden sind. Ganz zu schweigen davon, dass *fitna* in der Sprache der Araber auch Trübsal, Feuerschmelze, die Gold zum Glänzen bringt, Wahnsinn oder Qual bedeuten kann.

Diese Stadt besitzt nicht die geheimnisvolle Schönheit anderer Städte. Sie ist nicht das Tripoli der Mamluken mit seinen bezaubernden Innenhöfen. Zu Beginn des neunzehnten Jahrhunderts war sie nur eine kleine, vernachlässigte Siedlung, umgeben von einer rechteckigen Mauer; eine beengte Bleibe von Fischern und Bauern, eine Stadt, welche die Bedeutung ihres Namens vergessen und sich am Rande der syrischen Küste vergraben hatte.

Erst mit der ägyptischen Invasion wurde die Stadt auf den Kopf gestellt. Sie breitete sich in alle Richtungen aus und wurde ein Hafen, den die Franzosen zu einem Hafen für das gesamte Landesinnere machten. Beirut wuchs und wurde zu einer osmanischen Provinz, und mit dem Beginn der Katastrophen in der Mitte des zwanzigsten Jahrhunderts nahm sie alle auf, die zu ihr flohen.

Beirut wurde größer, weil es eine Stadt der Flüchtlinge war. Das ist ihr Geheimnis. Während des ersten Bürgerkriegs von 1860 nahm sie Flüchtlinge auf, die vor den schrecklichen Massakern im Libanongebirge geflohen waren. Dann nahm sie die auf, die vor dem Massaker in Damaskus geflohen waren. Diejenigen, die in der Stadt Zuflucht suchten, fanden heraus, dass sie ihre Stadt war, denn ohne sie wäre sie nie eine Stadt geworden. Eine Flüchtlingswelle nach der anderen folgte.

Die armenische Migration nach dem großen armenischen Massaker.

Die palästinensische Migration nach der brutalen ethnischen Säuberung in Palästina.

Die Migration von Bauern aus dem Südlibanon in den fünfziger und sechziger Jahren, die den «Armutsgürtel» schufen.

Die Migration syrischer, ägyptischer und irakischer Kapitalisten auf der Flucht vor Verstaatlichungen.

Die Migration arabischer Schriftsteller und Künstler aus ihren Ländern auf der Suche nach einer Freiheit, die sie in der Stadt fanden.

Die Migration arabischer Journalisten auf der Flucht vor Repressionen.

Migrationen ohne Ende, die ihren Höhepunkt in der großen syrischen Migration fanden, die durch ein beispielloses Morden des Regimes an einem Volk ausgelöst wurde, das sich dazu entschlossen hatte, sein Recht auf Freiheit und Menschenwürde zu verteidigen. Endlose Migrationen machten Beirut zu einer gastfreundlichen Stadt für alle, die gezwungen waren, ihre Heimat zu verlassen, zu einer Stadt der Fremden, die ihren Verbannungsort in eine neue Heimat der Kreativität, der Erneuerung und der Risikobereitschaft verwandelten.

Die moderne arabische Dichtung nahm ihren Anfang im Irak, fand aber in Beirut ihre Zeitschrift, die ihre beiden syrischen Gründer, Yusuf al-Khal und Adonis, *al-Shi'r* (Poesie) nannten. Auch die literarische Moderne fand in Beirut ihre Zeitschrift, die von Suhayl Idris, einem alteingesessenen Beiruter gegründet wurde, der *al-Adab* (Literatur) zur Literaturzeitschrift der Araber machte. Die Renaissance des Bankwesens begann mit einem in Jerusalem geborenen Geldwechsler namens Yousef Beidas, der das größte Bankimperium der Region schuf. Selbst die theoretische Idee des Libanon – vom Berg bis zum Meer, die Republik der Kaufleute – wurde von einem assyrischen Christen aus dem Irak, Michel Chiha, entwickelt. Alles in Beirut wurde von Beirutern hergestellt, ob Libanesen oder Nichtlibanesen, ob aus der Stadt oder vom Land.

Die hoch aufragenden Gebäude, die den Film *Taste of Cement*[1] dominieren, wurden von syrischen Arbeitern errichtet. Sogar Scharlatanerie und Magie entwickelten sich unter den Händen von «Dr. Dahesh [Dr. Bluff]» (Salim al-Ashi), einem syrisch-christlichen Palästinenser aus Bethlehem. Der Mann machte Beirut Angst und trieb Beshara el-Khoury, den ersten Präsidenten

1 «Taste of Cement» ist der Titel eines Dokumentarfilms von Ziad Kalthoum (Basis Berlin Filmproduktion/Bidayyat for Audiovisual Arts 2017).

des Landes nach der Unabhängigkeit, in einen Nervenzusammenbruch, der ihn fast zum Rücktritt veranlasste.

Das Hotel St. Georges wurde von dem genialen libanesischen Architekten Antoine Tabet aus Bhamdoun gebaut, der die Zeitschrift *al-Tariq* (Der Weg) gründete, das Sprachrohr der libanesischen und arabischen linken Avantgarde. Beirut ist eine Stadt der Universitäten, des neuen philosophischen Denkens und der revolutionären Bewegungen. Das arabisch-nationalistische Denken begann hier mit Constantin Zureiq, der den Begriff *Nakba* prägte, der «Katastrophe» bedeutet und heute in allen Sprachen ein Synonym für Palästina ist. Es ist die Stadt der Schriftsteller Raif Khoury, Omar Fakhoury, Bishara al-Khuri (al-Akhtal al-Saghir), Amine Nakhle, Elias Abu Shabaki und Yusuf Ibrahim Yazbak. Es ist die Stadt von Ghassan Kanafani und seiner Novelle *Männer in der Sonne*. Es ist die Stadt der Zeitungen, die der ägyptische Präsident Gamal Abdel Nasser unbedingt zu seinem Morgenkaffee lesen wollte. Es ist die Stadt des Journalisten und Publizisten Kamel Mroueh und auch die Stadt seines Mörders. Es ist die Stadt, die mit der Tinte der palästinensisch-syrisch-libanesischen Freiheitsliebe von Samir Kassir geschrieben wurde.

Es ist die Stadt der Fremden.

Es ist die Stadt aller, das heißt die Stadt von niemandem.

Die *fitna* von Beirut ist auch ihr Tor, das sich zum Rhythmus der Wellen öffnet. Die Beiruter, deren Geschichten wir in den satirischen Texten von Muhammad Itani lesen, sind bekannt für ihre Leidenschaft für Musik, als ob die von Menschen gespielte Musik das Echo dieser Wellen wäre.

Der Horizont von Beirut ist blau. Sein Himmel umarmt das Meer in einer Farbe, deren Name schwer zu bestimmen ist: eine Farbe, die wir grün nennen und die blau bedeutet, oder die wir blau nennen und die eine besondere Farbkombination bedeutet, deren Namen wir noch nicht gefunden haben. Hier, vor ihrem Meer, habe ich verstanden, warum unsere Sprache selbst verwirrt ist und der Farbe Blau den Namen Grün gibt.

Vor diesem Horizont gebar Beirut ihren Dichter – und wenn ich vom «Dichter von Beirut» spreche, meine ich Omar al-Zaani, den Dichter des Volkes, der politische und soziale Kritik vertonte und zusah, wie das Blau des Horizonts verschwand, um durch das Orange der Explosion ersetzt zu werden, nach der die Stadt von einem gräulichen Weiß verschlungen wurde zum Klang des tödlichen, erderschütternden Schlags, der sie traf. Zu diesem Zeitpunkt schrieb al-Zaani das Gedicht «Wehe dir, Beirut»:

Seht, was auf den Bildschirmen zu sehen ist
Täuschung und Betrug
Eine Braut auf einem Katafalk
Sitzt regungslos in ihrem Sarg
Wehe dir, Beirut
Die Unwissenden sind an der Macht
Die Mistkerle haben sich an die Spitze gesetzt
Sie leben gut, die Schurken der Elite
Während die Guten sterben
Wehe dir, Beirut

Diese volkstümliche Poesie, die früher gesungen wurde, hielt Hassan Alaa Eddin (Chouchou) auf den Tafeln des Nationaltheaters am Debbas-Platz fest. Aber der Platz ist verschwunden und mit ihm die Erinnerung an den Mann, der rief: «Ah, armes Beirut!» Die Stimme Omar al-Zaanis war der Ausgangspunkt, von dem der Rhythmus Beiruts eine magische Gestalt annahm, und zwar in Form einer Frau, die im Stadtviertel Zokak al-Blat in eine syrische Familie geboren wurde, deren Wurzeln bis in die Stadt Mardin zurückreichen, einen der nördlichen Bezirke, die 1923 von dem syrischen Gebiet abgespaltet und der Türkei zugeschlagen wurden. Diese Beiruterin, Tochter eines Flüchtlings, wird durch die Begegnung mit den beiden Brüdern Rahbani aus Antelias im Libanongebirge zu «Fairuz». Die Magie der Stimme von Fairuz versöhnte Beirut mit dem Libanon und verwandelte Stimme und Musik in ein Meer, das anschwoll, um die gesamte arabische Levante in seine Arme zu schließen.

III.

Die Beziehung zwischen Beirut und dem Staat des Großlibanon ist nicht einfach zu verstehen. Am 1. September 1920 verkündete der französische Hochkommissar General Gouraud die Gründung eines Kleinstaates als erste Phase eines Plans zur Erweiterung des osmanischen Mutesarrifliks des Libanon. Die osmanische Provinz Beirut – das kleine Mutesarriflik, das 1864 von den europäischen Konsuln gegründet worden war – fiel in die Grenzen des neuen Staates und war plötzlich die Hauptstadt eines Landes, das es sich nicht ausgesucht hatte.

Der Staat des Großlibanon entstand auf den Trümmern zweier Katastrophen: der großen Hungersnot, der ein Drittel der libanesischen Bevölkerung zum Opfer gefallen war, und dem Scheitern des arabischen Unabhängigkeitsprojekts durch die Niederlage des großsyrischen Königreichs von Faisal gegen die französischen Truppen am Stadtrand von Damaskus. Auf einmal wurde Beirut von der Hauptstadt einer 1888 gegründeten osmanischen Provinz, der die Provinzen von Akkon, Tripoli, Latakia und Nablus mit einer Fläche von 35 000 Quadratkilometern angegliedert waren, zur Hauptstadt eines kleinen Landes namens Großlibanon! Von Anfang an herrschte Verwirrung darüber, zu welchem Land die Stadt gehörte. Sie war Teil des Libanon geworden, ohne libanesisch zu werden, und sie blieb im syrischen Herrschaftsbereich, ohne ein Teil davon zu sein. Die Bourgeoisie und die Kaufleute der Stadt, angeführt von Riad al-Solh und unter der Führung des Syrischen Nationalen Blocks, trafen eine Vereinbarung, die diese Verwirrung zu beseitigen suchte, aber nicht vollständig. Diese Vereinbarung wurde durch den Slogan «Ein arabisches Gesicht für den Libanon» verkörpert, ein Ausweg, der es dem Libanon und Syrien ermöglichte, ihre Unabhängigkeit vom französischen Mandat zu erlangen.

Dennoch und trotz des wirtschaftlichen Bruchs mit Damaskus zu Beginn der fünfziger Jahre des letzten Jahrhunderts behielt Beirut die Rolle einer Grenzstadt bei. Eine Stadt, deren kultureller und wirtschaftlicher Horizont über ihre geografischen Grenzen hinausging, die auch der Zugang des arabischen Hinterlands zum Meer und ein Hafen war, der nach dem Fall von Haifa in die Hände der Zionisten zum Tor für das gesamte arabische Hinterland wurde.

Das Endprodukt des libanesischen Projekts war die Wiederherstellung des Gleichgewichts zwischen den Arabern und dem Westen und die Möglichkeit, die Stadt zu vergrößern und ihre Rolle auszubauen, die sowohl wirtschaftlich als auch kulturell aufblühte. Die Niederlage im Junikrieg 1967 und der willenlose Frieden von 1973 läuteten die Zeit der arabischen Bürgerkriege ein, die mit dem libanesischen Bürgerkrieg begann, der Beirut in zwei Hälften teilte. Ab 1975 waren Kompromisse nicht mehr möglich. Beirut geriet in die libanesische Falle, und der lange und schmerzhafte Prozess der Integration in den Libanon begann, der mit der verbrecherischen Explosion vom 4. August 2020 seinen Höhepunkt erreichte.

Der lange Bürgerkrieg kündigte den Beginn des Zusammenbruchs an: Alte Flüchtlinge kämpften gegen neue; Arbeiterklassen und soziale Randgruppen fanden, dass das einzige Mittel, sich auszudrücken, die Mündung einer Waffe war; die Bänder, die eine von Kaufleuten und politischen Feudalisten geführte politische Ordnung zusammenhielten, verrotteten und wurden zu einem Hindernis für jedwede Entwicklung. Faschisten übernahmen die Zügel der religiösen Sekten, und der Traum von einem arabischen Palästina wurde von Bomben zerfetzt, noch bevor der israelische Einmarsch ihn aus dem Libanon vertreiben konnte. Und dieser Einmarsch hätte ohne das Eingreifen des tyrannischen Regimes in Syrien, das diesem Traum den Gnadenstoß versetzte, nicht vollendet werden können. Während die israelische Armee aufmarschierte, wurden in den Straßen von Beirut die ersten Kugeln des Widerstands abgefeuert.

Anstatt den Hafen von Beirut zurückzuerobern, schlitzte Damaskus dem Land mit kriminellen Methoden, der Wiederbelebung des Klientelismus und der Manipulation der Sekten nach dem Vorbild des osmanischen Gouverneurs Fuad Pasha die Kehle auf. Gleichzeitig begann die Stadt einen monströsen Tanz des Wiederaufbaus unter der Ägide des saudisch-syrischen Gleichgewichts. Nach der Vertreibung des säkularen nationalen Widerstands aus dem Süden, die den verbleibenden Widerstand in die Arme der Hisbollah trieb, hatte es für manche den Anschein, Beirut sei dazu bestimmt, eine Mischung aus Hongkong und Hanoi zu werden. Diese Mischung wurde mit der amerikanischen Invasion im Irak explosiv. Sie markierte den Beginn des arabischen Zusammenbruchs und die Rückkehr in ein Zeitalter des erneuten Imperialismus.

Zu diesem Zeitpunkt begannen die Tyrannei und der Petrodollar, der Stadt den letzten Gnadenstoß zu verpassen. Die Stadt, die mit Kultur und Presse darum gekämpft hatte, ihre Seele zurückzuerobern, wurde durch die Unfähigkeit des konfessionellen Regimes, eine Nation aufzubauen, besiegt. Anstatt die beiden Errungenschaften, die Befreiung des Südens von der israelischen Besatzung und den Rückzug der syrischen Armee, in einer neuen Vision der Unabhängigkeit zu vereinen, fiel das libanesische politische Establishment in das Muster zurück, sich externen Akteuren zu unterwerfen. Das führte zu erbitterten Kämpfen um die Regierung, die zu einem bloßen Instrument der schamlosen Plünderung und des Raubes wurde und die Korruption zu einem allumfassenden wirtschaftlichen und politischen System machte.

Die Geschichte Beiruts ist vielschichtig und bedarf eines Historikers vom Schlage eines Samir Kassir oder eines Schriftstellers wie Muhammad Itani, wenn sie geschrieben werden soll. Aber an diesem 4. August, als wir das Ende mit eigenen Augen sahen, entdeckten wir, dass diese Stadt der Speicher unserer Seelen ist, dass ihre verworrene Geschichte unsere persönliche Geschichte und ihr Tod unser Tod ist, als Kollektiv und als Individuen.

Und wir schrien vor Schmerz.

Kann Schmerz unsere Sprache werden, so dass Schmerz zur Sprache von Beirut wird, die in ihren Sterbensmomenten in der ganzen arabischen Levante widerhallt?

IV.

New York, Winter 2001.

Mit der Erinnerung an New York kommt die Erinnerung an Edward Said. Der Intellekt beschleunigt sich, und Worte verwandeln sich in Schlüssel zu Geist und Seele. Said sprach über seine «Betrachtungen über das Exil» und erzählte uns Geschichten über die Exilanten, die die moderne Kultur geschaffen haben, von Auerbach über Adorno, Hannah Arendt, Benjamin, Joyce bis hin zu Dante. Er sprach von Conrads Migration in die englische Sprache, und ich sprach von der Migration von Georges Schehadé, Samuel Beckett und Eugène Ionesco in die französische Sprache. Said benutzte die Sprache der Metapher, um seine Erfahrungen im Exil zu beschreiben und wie sein New Yorker Exil eine entscheidende Rolle bei der Herausbildung seiner Theorie des Postkolonialismus und der Vision, die seinen *Orientalismus* und *Kultur und Imperialismus* geprägt haben, gespielt hat.

Ich erzählte ihm, dass ich viel über seine Analyse der *Göttlichen Komödie* nachgedacht habe, in der er schreibt: «Wer außer einem Exilanten wie Dante, der aus Florenz verbannt wurde, würde die Ewigkeit als Ort nutzen, alte Rechnungen zu begleichen?» Said sprach von Exil und Vertreibung und wies darauf hin, dass «die moderne westliche Kultur zu einem großen Teil das Werk von Exilanten, Emigranten und Flüchtlingen ist. In den Vereinigten Staaten ist das akademische, intellektuelle und ästhetische Denken das, was es heute ist, aufgrund der Flüchtlinge vor dem Faschismus, Kommunismus und anderen Regimen, die Dissidenten unterdrücken und vertreiben.»

Wenn wir von Exil reden, kommen wir auf die tragische palästinensische Erfahrung zu sprechen. Die Rede von Migration bringt uns zur libanesischen Erfahrung. Palästinenserinnen und Palästinenser haben im Exil ein Land der Kreativität geschaffen, selbst diejenigen, die im besetzten Palästina blieben, wurden zu Flüchtlingen. Die seit dem neunzehnten Jahrhundert andauernde libanesische und syrische Migration hat eine neue arabische Sprache hervorgebracht, angefangen mit Ahmad Faris al-Shidyaq, der vor der Unterdrückung durch den Klerus floh, bis hin zu Gibran Khalil Gibran, dessen Migration eine Flucht vor Not und Hunger war.

Die Trennlinie zwischen Flüchtling und Migrant ist so fein, dass es schwer ist, zwischen beiden zu unterscheiden, es sei denn, man nimmt an – und das ist eine Annahme, die noch einer genauen Prüfung bedarf –, dass der Migrant gegangen ist, um nie wieder zurückzukehren, während der Exilant darauf brennt, an den Ort zurückzukehren, von dem er vertrieben wurde.

Die Vermutung ist ungenau, weil libanesische Migranten in ihren Heimatdörfern ein Stück Land kauften, das die Leute als seine «Rückkehr» bezeichneten, während palästinensische Exilanten den Städten und Vierteln, in denen sie sich niederließen, die Namen ihrer Städte, Dörfer und Gemeinden gaben; dies geschah nicht nur in den Flüchtlingslagern, sondern auch in Amerika.

An diesem Punkt habe ich mich gefragt: Warum habe ich Beirut nicht verlassen?

Ich habe all die Kriege, Tragödien, Niederlagen und Enttäuschungen miterlebt. Ich habe den Traum, den Albtraum und die Angst durchlebt. Trotzdem habe ich nie den Drang verspürt, diese Stadt zu verlassen. Ich bin viel aus Beirut weggegangen, aber nur, um zurückzukehren. New York hat mich verzaubert, aber ich habe dort gearbeitet, als wäre es eine Verlängerung meines Lebens in Beirut, und ich habe mir nie die Frage gestellt, ob ich aus dieser Stadt auswandern sollte, trotz der widersprüchlichen Gefühle, die sie in mir auslöst.

Heute, da ich beobachte, wie die jungen Menschen im Libanon darauf brennen auszuwandern und wie sie jeden Hoffnungsschimmer auf ein Leben in ihrer Stadt verloren haben, stelle ich mir diese Frage, die mir zuvor nie in den Sinn gekommen ist. Ich erinnere mich an die Trauer, die ich empfand, als Scharen junger syrischer Kulturschaffender, die in Beirut Zuflucht gesucht hatten, als sie von der großen syrischen Tragödie dorthin getragen wurden, begannen, die Stadt auf der Flucht vor Rassismus, Repression, Unterdrückung und Verfolgung wieder zu verlassen.

Als die arabischen Intellektuellen Beirut nach dem israelischen Einmarsch verließen, waren wir sicher, dass der Widerstand gegen die Besatzung Beirut wieder zu Beirut machen würde. Aber mit den jüngsten kulturellen Migrationen aus Beirut haben wir zu spüren begonnen, dass die Stadt der Fremden in ihren Todeskampf eingetreten ist und dass derjenige, der sie tötet, nicht irgendein ausländischer Feind ist. Vielmehr sind es die barbarischen Banden der Sekten, die den Libanon in einen Ort der Plünderung verwandelt haben und die mit ihrem hasserfüllten rassistischen Diskurs und ihrer entwürdigenden Behandlung von syrischen und palästinensischen Flüchtlingen sowie ausländischen weiblichen Arbeitskräften die Autorität über unsere Stadt haben.

Dies sind die Voraussetzungen für das Gemetzel vom 4. August.

Ich habe Beirut nicht verlassen, weil ich keinen Ort des Exils brauche. Meine Stadt ist eine Stadt der Fremden und Exilanten, und ich bin ein Fremder wie sie, ich teile ihr Exil. Aber können wir libanesischen Exilanten in der Stadt unseres Exils bleiben, nachdem alle arabischen Exilanten sie verlassen haben? Ich kenne die Antwort nicht. Aber ich weiß, dass Beirut berechtigt ist, zu fordern, dass wir mit ihr sterben, wenn wir nicht in der Lage sind, sie vor dem Tod zu bewahren.

V.

Das Auge ist das Fenster der Seele, und die Fenster unserer Seelen liegen zerbrochen in Scherben.

Wo ist Beirut?

Ich wollte schreien, «Wo bin ich?», aber meine Stimme verriet mich und wollte nicht sprechen. Die Worte haben mich verlassen, und ich fand mich meiner Sprache beraubt.

Alle schrien auf. Ich hörte diesen Aufschrei, der Schmerz, Wut und Trauer in sich birgt.

Ah, Beirut!

Die Stadt krümmte sich vor Schmerz, eine Stadt, die auf das Straßenpflaster dieser Zeit gestürzt war.

Habt ihr jemals eine Stadt weinen sehen?

Wir haben in den Geschichtsbüchern von den Tragödien gelesen, die Städten widerfahren sind – Bagdad während der mongolischen Invasion, Jerusalem zur Zeit der Kreuzfahrer –, und die Worte haben den Schmerz überdeckt, weil sie nicht er sein konnten.

Unser Beirut aber sahen wir zitternd daliegen, die Kehle durchschnitten vom Glas ihrer Häuser und den Trümmern ihrer Mauern. Häuser wurden zum Feind ihrer Bewohner. Keine Zuflucht vor der Grausamkeit des Ammoniumnitrats. Nichts schützt uns vor den Händen des Verbrechens, nichts.

Das Haus ist kein Haus, die Worte sind keine Worte.

Ah, Beirut!

Ein Regime ist über Beirut hergefallen, ein im Sterben begriffenes Regime hat beschlossen, die Stadt zu töten, damit es keine Zeugen für seine politische und moralische Dekadenz gibt. Aber Beirut verspottet sie – eine Stadt, die ihre Mörder mit der Verachtung erwartet, die sie verdienen, und sich in ihre eigene Vernichtung hüllt und ihre Geschichte erzählt.

Aus dem Arabischen von Sonja Mejcher-Atassi

Denkbild

Kirsten Scheid

Der arabische Akt

Über Nacktheit in der Malerei des «Nahen Ostens»

Wie betrachten wir Nacktheit in der arabischen Kunst? Ein Gemälde von Omar Onsi über die Rezeption nackter Körper im Libanon der Mandatszeit versucht sich an einer Antwort *(Abb. 1)*.[1] Ich sah es zum ersten Mal auf dem Einband des Ausstellungskatalogs *Lebanon – The Artist's View* von 1989. In dieser Publikation wurde das Werk mit dem Titel *Women at an Exhibition* versehen und als Darstellung einer tiefen Spaltung in der libanesischen Gesellschaft im «Ringen um Modernisierung» gedeutet.[2] Entsprechend haben mir viele Gesprächspartner während meiner Forschung in Beirut (1997–2004) nahegelegt, dass es im Libanon zwei Typen von Betrachtern des Aktgenres gebe: der eine sei enthusiastisch und weltoffen, der andere schockiert, konservativ verschlossen – der zweite Typus stamme wahrscheinlich aus den Bergen.[3]

Ich fragte mich, wie sich diese dichotomische Interpretation, die ihre Ursprünge gewiss in den ideologischen Konfliktlinien des libanesischen Bürgerkriegs hat, von dem unterscheiden könnte, was Onsis Zeitgenossen beim Betrachten des Gemäldes wahrgenommen haben mögen. Lud sie dieses Kunstwerk zur Selbstreflexion und gegenseitigen Beobachtung ein? Im Verlauf meiner Recherche bin ich auf viele Kunstwerke aus der Mandatszeit gestoßen, die sich mit der Art und Weise befassen, wie Menschen Kunst betrachten – und insbesondere mit der Wahrnehmung des Akts als einem Emblem der schönen Künste.

1 Nach dem Ersten Weltkrieg und der osmanischen Niederlage gegen Großbritannien und Frankreich wurden Teile des osmanischen Sultanats entweder den britischen oder den französischen Behörden «unterstellt». In Anerkennung der Illegitimität des Kolonialismus nach dem Krieg vermied das im Libanon bis zur Unabhängigkeit von 1943 geltende Mandatssystem die direkte Kolonialherrschaft über die arabische Bevölkerung, sicherte aber eine effektive westliche Kontrolle, bis die besagte Bevölkerung ihre «Eignung» für die Selbstverwaltung bewiesen hatte.

In der klassischen, akademisch geprägten Tradition des Kunstunterrichts ist das Zeichnen des lebenden – weiblichen wie männlichen – Modells eine handwerkliche Grundlage der figuralen Darstellung. Ein erzählerisch oder historisch angelegtes Gemälde ist ohne jenes anatomische Wissen, das das Studium des nackten Körpers vermittelt, schwer vorstellbar. Darüber hinaus wurde die Kunstgeschichte vielfach als fortschreitende Entwicklung von pharaonischen Silhouetten und byzantinischen Ikonen zu römischen Statuen und Renaissance-Porträts erzählt, wobei – zumindest bis zur Mitte des 19. Jahrhunderts – jede neue Darstellungsweise stets plastischer und damit besser sei als die vorangegangene, weil sie den Menschen lebensnaher darstelle und weil sie mehr zur Entfaltung des menschlichen Selbstbewusstseins beitrüge. In diesem Sinne beschreibt ein Katalog, der der «menschlichen Figur in der libanesischen Malerei» gewidmet ist, den Maler Khalil Salees (1870–1928), der sich «von der religiösen Kunst abwandte und sich fast ausschließlich dem Studium der Akte widmete», wobei er «das intellektuelle Klima für die Entfaltung persönlicher Gefühle vorbereitete».[4] Eine solche Entwicklung steht einem individuellen Künstlerhelden gut zu Gesicht, doch ist sie, wie wir noch sehen werden, gleichzeitig auch Ausdruck eines kulturellen Kontexts.

Ich zog in den 1990er Jahren in den Libanon, um zu verstehen, warum und wie manche Gesellschaften sich durch ihr Verhältnis zur Kunst erhalten, entfalten und bewerten. Dabei ging es mir weniger um die Frage, was Kunst tatsächlich *ist*, als vielmehr darum, wie Menschen sich bei der Suche nach Antworten auf diese Frage gegenseitig beobachten und beurteilen. Als Anthropologin und Kunsthistorikerin arbeitete ich, gleichermaßen teilnehmend und beobachtend, in zwei Beiruter Galerien, die sich auf zeitgenössische Kunst spezialisiert hatten. Viele derjenigen, die ich dort traf, sagten mir, dass es im Libanon eigentlich keine Kunst gebe und schon gar keine weit zurückreichende Kunstgeschichte.[5] Trotz der Existenz städtischer Museen, trotz einer pulsierenden Galerieszene und trotz jährlicher Kunstsalons war da eine Leerstelle. Kritiker, Galeristen und Künstler erläuterten mit: Der Mangel erkläre sich vor allem dadurch, dass Araber und Muslime Aktdarstellungen nicht dulden. Allein das Bild von On-

2 Siehe Barbican Center for Arts and Conferences: Lebanon – The Artist's View: 200 Years of Lebanese Painting, Catalogue, London 1989.

3 Solche Charakterisierungen erscheinen auch in ebd., S. 148.

4 Beirut University College (Hg.): The Human Figure in Lebanese Painting, Beirut 1996, S. 22.

5 Vgl. ausführlicher Kirsten Scheid: Fantasmic Objects: Art and Sociality from Lebanon, 1920–1950, Bloomington 2022.

6 Auf Seite 43 des Barbican-Katalogs von 1989 wird «Women at the Exhibition» auf ca. 1935 datiert, auf Seite 148 dagegen auf ca. 1945. Weniger als ein Jahrzehnt später datiert Omar Onsi in einem Ausstellungskatalog (Beirut, Musée Nicolas Sursock, 1997, S. 212) das Gemälde auf 1945, während Moustapha Farroukh (1901–1957) in einem anderen Ausstellungskatalog (Beirut, Musée Nicolas Sursock, 2003, S. 127) seine Entstehungszeit auf «Anfang der 1950er Jahre» schätzt. Mit anderen Worten: In den vierzehn Jahren zwischen 1989 und 2003 hat das Kunstwerk fünfzehn Jahre verloren! Es steht daher für eine Moderne, die erst vor fünf Jahrzehnten begonnen hat.

Abb. 1
Omar Onsi, At the Exhibition, 1932, Öl auf Leinwand, 37,5 x 45 cm.

si belegt jedoch, dass es schon vor der libanesischen Unabhängigkeit im Jahr 1943 Aktmalerei gab – und Überlegungen im Medium des Bildes, wie Menschen diese Kunstform betrachten. Die «kolonialen Bürger» des Libanon – wie auch ihre Zeitgenossen in Algerien, Bahrain, Ägypten, Irak, Jordanien, Kuwait, Palästina, Syrien und Tunesien – beschäftigten sich durchaus mit Aktmalerei und ihrer Rezeption. Sie taten dies nicht zuletzt, um zu ermessen, wer von ihnen im moralischen Korsett ihrer Zeit angemessen darauf reagieren konnte – weder zu lasziv noch zu schamhaft, weder zu persönlich noch zu konventionell. Sie loteten damit aus, wem der öffentliche Raum gehören und wer seine Stimme erheben durfte. Es ist wohl die diesem Genre zugeschriebene Modernität, sein Status als frische Importware, die erklärt, warum mir Onsis *At the Exhibition* jedes Mal, wenn ich ihm begegne, verjüngt erscheint.[6]

Indem sie Meister wie Pierre-Auguste Renoir und Paul Chabas zu ihren Vorbildern wählten, schrieben sich Künstler wie Omar

Abb. 2
Omar Onsi, Imru al-Qais, 1932, Öl auf Leinwand, 64,5 x 80 cm.

Onsi und sein Kollege Moustapha Farroukh (1901–1957) in eine lange Tradition des europäischen Kunstschaffens ein und wurden in einem zweifellos radikalen Schritt zu deren Verfechtern. Obwohl nackte menschliche Subjekte auch eine lange Geschichte in der arabischen, mediterranen und nahöstlichen Kunst hatten, entdeckten die Künstler der Mandatsgeneration – und durchaus nicht nur die männlichen – den Akt als Genre neu. Sie betrieben ihn zunächst als Malerei, die von westlichen akademischen Praktiken als Schule der Präzision geprägt war und entsprechend geschaffen, beurteilt und bepreist werden sollte.

Eine künstlerische Gattung ist eine Form, die sich durch ihre Verflechtung, durch ihre Referenzialität und Vielsprachigkeit auszeichnet. Ein Genre existiert, indem es Originalität zugunsten endloser Wiederholungen meidet, in einem gleichzeitig ewigen und expansiven Modus, der stets über den Einzelfall hinaus auf etwas potenziell und tatsächlich «Universelles» verweist. Der Anthropologe Johannes Fabian charakterisiert künstlerische Gattungen als «scheinbar in sich widersprüchliche Idee einer vorhersehbaren Kreativität», «jene Art von Kreativität, die eine Gemeinschaft teilen kann».[7] Gattungen sind somit die Grundlage von Kunstwelten, die sowohl lokal als auch translokal als auch ganz und gar unverortbar sein können. Daraus folgt, dass man

7 Johannes Fabian: Remembering the Present: Malerei und Volksgeschichte in Zaire, Berkeley 1996, S. 195.

Abb. 3
Omar Onsi, Phoenicia.

den komplexen sozialen Prozess einer Aktdarstellung verkennt, wenn man ihn lediglich durch die Linse einer metropolitanen Kunstszene betrachtet. Die Betrachtung eines Aktes außerhalb seines üblichen Milieus öffnet uns die Augen für die unendlichen Spielarten eines Genres und zeigt den grenzenlosen Charakter der Kunst. Doch nur durch die Berücksichtigung kolonialer und außereuropäischer Begegnungen mit dem Akt eröffnet sich die Möglichkeit, etablierte Vorstellungen gesellschaftlicher Kreativität und Veränderung zu revidieren und zu erweitern.

Libanesische Nudisten

Die *Ansar al-'Ury* («Partisanen der Nackten») waren eine Nudistengruppe, die sich in den 1930er Jahren an der östlichen Mittelmeerküste formierte. Obwohl der neu gegründete Völkerbund britische und französische Beamte damit beauftragt hatte, die «Eingeborenen» in Selbstständigkeit zu unterweisen, bestand diese libanesische Sektion einer globalen FKK-Bewegung darauf, Reformen in die eigenen Hände zu nehmen und die Körper in die Aktionspraxis zu involvieren. Für die Nudisten war *al-ta'ari* (das «Ablegen der Hülle», verstanden als Kleidung, als Sitte oder als Patronage) ein Mittel gegen körperliche Schwäche, politische Korruption und alle Formen sozialer Falschheit. Das bloße Entfernen äußerer Schichten konnte die so Bewegten dazu befähigen, neue Empfindungen zu entdecken, indem sie ihre geistig-körperlichen Erfahrungen benannten, kommunizierten und selbst regulierten. Wie zur gleichen Zeit in Europa prägte der libanesische Nudismus journalistische, politische und künstlerische Facetten aus, und die Verfechter eines neuen Genres, der «FKK-Literatur», verstanden diese als innovativen, kühnen Akt zur Überwindung falscher Normvorstellungen und der sozialen und politischen Stagnation.

Für den Kunstkritiker und selbsternannten *rusul al-'uri* («Prophet der Freikörperkultur») Jawaba (1904–1973) war Onsis *At the Exhibition* (also das Werk, das 1989 unter dem Titel *Women at an Exhibition* bekannt wurde) ein freimütiges Plädoyer für die Nacktheit: Die im Werk angelegten gekreuzten Blicke ermutigen zur Selbsterkenntnis und Enthüllung.[8] Jawaba sah das Bild bei Onsis erster Einzelausstellung 1932 in Beirut und beschrieb es als Teil eines Triptychons. Dieses wurde von einem großen, ganzkörperlichen Akt in frontaler Ansicht eröffnet, der die Göttin Phoenicia zeigt, wie sie die Früchte der Zivilisation zu den Küsten Europas trägt. Er schloss mit dem unzüchtigen vorislamischen Dichter Imru' al-Qais, der durch Palmwedel hindurch auf seine Freundin und ihre Begleiterinnen beim Baden in einer Wüstenoase blickt *(Abb. 2 und 3)*.

Das Trio der Gemälde führte den Betrachter also vom direkten Blick auf einen lebensgroßen Akt zum Blick über die Schulter der Ausstellungsbesucher, die gerahmte Akte in klassischen Posen betrachten, bis hin zur Konfrontation mit einem arabischen Voyeur, dessen gieriger Blick den Nackten nachstellt. Anhand dieses Trios können wir ein ganzes Panorama von Themen erschließen, die die Zeitgenossen im ehemaligen osmanischen Sultanat beschäftigten: Professionalität in der Kunst, Kosmopolitismus, Selbstkultivierung und zivilisatorischer Fortschritt, Modernität, Geschlechterbeziehungen, Nationalismus, Erotik, Vitalismus und schließlich das, was wir als die visuelle Kultur des Islam bzw. als die spezifische Sichtbarkeit von Muslimen bezeichnen können.

Solche Ideen waren zentral für eine Generation, die sich nicht mehr als osmanisch verstand, aber auch noch nicht vollständig in einer neuen arabischen Identität angekommen war. Neben

8 «Jawaba» war mit ziemlicher Sicherheit der Künstlername von Fu'ad Hubaysh (Fouad Hobeich), der spätestens seit den 1930er Jahren versuchte, die FKK-Bewegung an der Nordküste des Libanon zu etablieren. Siehe Hala Bizri: The Nudism of Sheikh Fouad Hobeich, übers. von Elisabeth Jaquette, in: Art, Awakening, and Modernity in the Middle East, hg. von Octavian Esanu, New York 2017, S. 86–96.

dem Bild, das das Betrachten von Aktmalerei im Medium des Bildes diskutiert, erinnerte insbesondere Onsis Gemälde von *Imru' al-Qais* sein Publikum daran, dass es Erbe der reichen und erotisch anregenden arabischen Sprache war, die ein umfangreiches Vokabular für die Darstellung von Körpern, von Begehren und Geschlechterpolitik bereitstellte.

Eine arabische Gattung

Ein arabischer Mensch zu sein, war für Onsis Generation ein ambitioniertes Projekt und keine Selbstverständlichkeit, ein Bestreben und keine Bedingung. Künstler von Algerien bis Bahrain waren keine osmanischen Untertanen mehr, aber auch noch keine arabischen Bürger. So wandten sich viele dem Akt als wichtigem Agens ihrer Selbstfindung und ihrer doppelten Dekolonisierung zu. Während sie sich europäischen Übergriffen widersetzten, entzogen sie sich gleichzeitig den «osmanischen Konventionen» der kulturellen Produktion. Sie suchten nach Formen, die ein modernes Verhältnis zu ihrer Welt nicht nur verdeutlichen, sondern auch herstellen sollten. Die Aktdarstellung war von eminenter Bedeutung, um dem Publikum den Spiegel vorzuhalten und ihm einen Platz in den kontinentalen Kunstgenealogien zu geben. Nahöstliche Darstellungen der Nacktheit hoben die französischen Repräsentationskonventionen aus den Angeln, entprovinzialisierten die Pariser Kunstproduktion, legten ihren westlichen Zentrismus offen und beanspruchten einen Kunststatus für ihre eigenen Projekte.

In *At the Exhibition* wandte Onsi ein frisch importiertes visuelles Regime auf einheimische Frauen und Männer an und gab damit einen Impuls. Er lehrte seine Betrachter, die Wahrnehmung von Nacktheit als Ergebnis von Konventionen und Rahmungen zu verstehen, anstatt Körper lediglich als bloße Natur anzusehen (wie der unglückliche Imru' al-Qais, der nur die Palmwedel hat, um seinen Blick abzuschwächen). Solche Werke boten auch Gelegenheit, den Akt als geoästhetisch unbegrenzte Form zu erleben. Diese Universalität des Aktes konnte durch die Einbindung der Körper der Betrachter in einen Prozess der Selbstkultivierung *(tathqif)* entstehen. Letztlich deuten die Akte aus den postosmanischen Ländern darauf hin, dass der angebliche «Schock» der

Moderne oder die «psychologische Dislokation» den kolonisierten Arabern nicht nur als aufgezwungen, unausweichlich und destruktiv, sondern durchaus auch als willkommen, strategisch und produktiv erscheinen konnte.

Ein Betrachter, der die von Onsi in *At the Exhibition* dargestellten Blicke aufmerksam verfolgt, sieht zum einen das kokette Paar an der Schwelle zum nächsten Raum auf der rechten Seite des Gemäldes. Es wirkt mit dem Anzug und dem Fez des Mannes und dem Rock und dem Turban *à l'orientale* der Frau zwar kosmopolitisch, aber die beiden sind ganz aufeinander bezogen und zeigen wenig Begeisterung für die Kunst. Zum anderen nimmt er auf der linken Seite die auf die Aktdarstellung gerichtete Begeisterung der dicht nebeneinanderstehenden Frauen in ihren knielangen schwarzen Röcken und Umhängen wahr. Sind sie nicht genau jene Leute, von denen man annehmen könnte, dass sie aus den libanesischen Bergen nach Beirut gekommen sind? Nein! Denn ihre wohlhabend wirkende Kleidung verrät dem mit den lokalen Gepflogenheiten vertrauten Betrachter ihre Zugehörigkeit zur sunnitischen Gemeinschaft von Beirut. So wie die arabische Identität ein Projekt war, war die muslimische eine offene Frage.

Fenster in eine Ära des Widerstehens

Während dem Akt als historischer Kategorie in der klassischen Kunstgeschichte viel Aufmerksamkeit geschenkt wurde, wurden seine Praxis, seine Bedeutung und sein soziopolitisches Leben im Globalen Süden sowohl vom nationalistischen als auch vom metropolitanen Kanon geflissentlich ignoriert. Das Ergebnis ist, dass wir nur wenig über die intellektuellen, kulturellen, ästhetischen und politischen Aktivitäten jener zahlreichen Künstler wissen, die nach der Abschaffung des Kalifats als Muslime die Kunstschulen der Metropolen besuchten. Doch in einer Zeit, in der Religiöses nicht einfach ererbt oder vorausgesetzt werden konnte, waren es eben diese Künstler, die dazu beitrugen, den «Islam als diskursive Tradition» zu entfalten – um Talal Asads Charakterisierung der wechselnden Konfigurationen von moralischem Selbst, Bevölkerungsmanagement und Wissensproduktion zu zitieren.[9]

Zweifellos stellen sich für uns heute, ob in Berlin, Beirut oder

9 Talal Asad: Die Idee einer Anthropologie des Islam, in: Qui parle 17,2 (2009), S. 10. Zu den Annahmen über den Islam siehe Avinoam Shalem: What Do We Mean When We Say «Islamic Art»? A Plea for a Critical Rewriting of the History of the Arts of Islam, in: Journal of Art Historiography 6 (Juni 2012), S. 6 (https://arthistoriography.wordpress.com/number-6-june-2012-2).

Bahrain, aus dem Blickwinkel der zwanziger Jahre eines neuen Jahrhunderts neue Fragen: Warum schauen Muslime aus islamisch geprägten Ländern im 20. Jahrhundert auf die französischen Traditionen des 19. Jahrhunderts, um ein neues Verständnis dessen zu finden, was im (neu benannten) «Nahen Osten» möglich ist? Wie konnte der Akt in der Kunst auch antiimperialistische Wirkungen entfalten, wenn dieses Bildregime aus Europa stammt? Wenn es einen doppelten Antikolonialismus gibt, einen, der gegen Europa und einen, der gegen das Osmanische Reich gerichtet ist, warum wird ersterer schließlich fallengelassen und letzterer, zumindest scheinbar, fortgeführt?[10] Was hat all das mit globalen Machtkonstellationen zu tun? Und welche Rolle spielen nicht zuletzt Frauen als Modelle, Künstlerinnen und Betrachterinnen?

Entgegen dem orientalisierenden Klischee, dass muslimische Länder der arabischen Welt niemals Aktdarstellungen toleriert haben, gibt es eine umfangreiche künstlerische Produktion aus dem gesamten ehemaligen Osmanischen Reich, welche die Bedeutung des Aktes gerade für jene Künstler belegt, die heute als Begründer der modernen arabischen Kunst gefeiert werden. Sowohl die westliche als auch die nationalistisch-arabische Kunstgeschichte haben diese Produktion ignoriert, weil sie sie für abgeleitet oder zu stark vom Westen beeinflusst hielten. Darüber hinaus wurde die eurozentrische Meistererzählung von der fortschreitenden Säkularisierung der Kunst blindlings auf die Kunst außerhalb der westlichen Welt angewandt, was die Vorstellung verstärkte, dass islamische Kunst als eigenständige Form nur bis zum 19. Jahrhundert existiert habe. Tatsächlich eigneten sich muslimische Künstler – wie Omar Onsi, Moustapha Farroukh, Aly Ben Salem, Shakir Hassan Al-Said, Hamed Abdallah und andere – die europäische Moderne bewusst als universelles Mittel an, um soziale Veränderungen anzustoßen und zu kommentieren. Gleichzeitig unternahmen sie viel, um eine lokale Ästhetik und spezifische Bedeutungsebenen zu entwickeln; dies schloss das Überdenken des Islam vor seiner Kodifizierung innerhalb der heutigen Nationalstaaten ein. Die Beschäftigung mit der Gattung des arabischen Akts bietet somit einen einzigartigen Einblick in eine Zeit der kreativen Selbstfindung *(Abb. 4)*.

10 Selbst in der späten osmanischen Periode gab es eine Verschiebung von Stilen, die eher persischen oder Mogul-Miniaturen ähnelten, zu westlichen Modalitäten. Siehe Wendy Shaw: Ottoman Painting: Reflections on Western Art from the Ottoman Empire to the Turkish Republic, London 2011.

Abb. 4
Omar Onsi, Birds of Paradise, o. D., Wasserfarben auf Papier, 70 x 100 cm.

In ebendiesem Kontext entwickelte Omar Onsi auch eine Serie von Bildern nackt badender Frauen mit dem Titel «Paradiesvögel», die sich sowohl auf die einheimische Flora als auch auf die islamische Vorstellung vom Himmel bezieht, der von legendären weiblichen *Houris* bewohnt wird.[11] Onsis islamische Bezüge sind mehr als nur kulturelle Politur. Als frommer sunnitischer Muslim hat Onsi die Folgen der Abschaffung des Kalifats im Jahr 1924 aufmerksam verfolgt. Auf der Suche nach einer alternativen und allumfassenden Verkörperung des Muslimseins erkannte er die göttliche Schönheit und Logik in allen natürlichen Formen und praktizierte das Zeichnen als eine Art Gebet oder Unterwerfung. Viele ähnlich engagierte Künstler setzten sich für eine neue visuelle Kultur des Islam und für eine neue Sichtbarkeit von Muslimen ein, die sie bewusst als «gute Muslime» gegen jene «schlechten Muslime» ausspielten, die zuvor das osmanische Sultanat regiert hatten und denen unterstellt wurde, sie seien ikonoklastisch und gleichzeitig sexuell dekadent gewesen. Indem sie sich

Abb. 5
Moustapha Farroukh als Schüler der Königlichen Kunstakademie in Rom, ca. 1925.

11 Der Titel wurde mir von Familienmitgliedern mitgeteilt, die die Gemälde mit diesen Namen geerbt haben.

als Muslime unverstellt neu und anders sichtbar machten, überdachten diese Künstler im Medium der Malerei, was es heißt, ein Muslim zu sein. Ihre Kunst rief dazu auf, andere Wege der Weltgestaltung in Betracht zu ziehen, als sie der Akt an anderen Orten verkörperte. Dies ist eine alternative Geschichte, die in modernen Vorstellungen vom Islam als Staatsreligion verloren gegangen ist.

Die Gattung des arabischen Akts, die in Beirut, aber nicht nur dort, sondern im gesamten ehemaligen Osmanischen Reich Anhänger fand, muss im Zusammenhang mit den sozialen Bewegungen und emanzipatorischen Aufbrüchen jener Zeit betrachtet werden – gegen politische Korruption, für eine neue arabische Literatur, für ein unentfremdetes Dasein und die Freikörperkultur. Diese stilgeschichtlich und anthropologische Perspektive stellt Ästhetik, Materialität und Gattung in den Vordergrund, während allzu oft nur Fortschritt, politisches Engagement und Tradition von Bedeutung zu sein scheinen. Es ist bemerkenswert, dass viele der nicht mehr osmanischen Künstler, die Aktbilder anfertigten, ihren Lebensunterhalt zunächst nicht allein mit der Malerei verdienen konnten.

Für ein Foto, das an seine Aufnahme in die Königliche Kunstakademie in Rom erinnern soll, hat sich Moustapha Farroukh vor seiner Stafette mit zwei Männer-Akten in Schale geworfen *(Abb. 5)*. Erst nach und nach entstand eine aufstrebende libanesische Mittelschicht, deren Vertreter – gelernte Künstler und Betrachter gleichermaßen – die Aufrechterhaltung der osmanischen Hierarchien oder deren Ablösung durch koloniale Hierarchien in Frage stellen konnten. Ihre neuen, kosmopolitischen Akte rüttelten an den Grundfesten sowohl der sozialen als auch der imperialen Hierarchien. Dies galt – insbesondere in den Jahrzehnten der Mandatszeit – auch für Künstlerinnen, die in der Gattung des Akts auch die Frage der Frauenrechte immer mitverhandelten. Avantgarden und starke weibliche Persönlichkeiten wie Saloua Raouda Choucair, Huguette Caland, Sophie Halaby, Amy Nimr und Fêla Kefi Leroux waren (Mit-)Gründerinnen von Ateliers, Vereinigungen und Schulen, in denen Frauen das nach dem Ersten Weltkrieg begonnene Projekt der Emanzipation fortsetzten. In den 1950er Jahren jedoch fanden sich viele Frauen aus dieser Region im politischen Namen des «nationalen Fortschritts» und sittlichen Korsett der «Authentizität» zur Erfüllung der häuslichen Pflichten gedrängt. Während die ersten Akte noch ebenso häufig männlich wie weiblich waren und ihre Schöpferinnen überraschenderweise häufig weiblich, waren die Modelle am Ende dieser Ära meist weiblich und die Künstler, die sie betrachteten und malten, meistens männlich.

Epilog

Im frühen 20. Jahrhundert praktizierten muslimische Maler, aktivistische Frauen und dekolonisierende Träumer die Aktmalerei als eine Technologie der Modernisierung und der politischen Befreiung. Was ist das Erbe der Aktmalerei, wenn wir sie im Licht des gesellschaftlichen und politischen Lebens im heutigen Tunesien, Syrien, Palästina, Libanon, Ägypten und der weiteren arabischen Welt betrachten? Das Studium dieser lange Zeit im Schatten stehenden Akte verweist uns auf die fortwährende Arbeit an den Geschlechterrollen, ihre Verwicklung in internationale Beziehungen und ihre Kontingenz in der Kolonialpolitik.

So werden durch die Konzentration auf das Genre der Aktmalerei Werke von Künstlern in den Blickpunkt gerückt, die heute manchmal als «Araber» klassifiziert werden. Tatsächlich waren es auch Armenier, Kurden, Juden und andere «Minderheiten» – wie es damals im Jargon der entstehenden Nationalstaaten hieß –, die ihr Leben, ihre Kreativität und Arbeitskraft in jene postosmanischen Länder eintrugen, die eine arabische Staatsbürgerschaft gewähren konnten. Sie bemühten sich um eine ethnonationalistische Form des Arabischen, die jedoch keineswegs die einzig mögliche Auslegung der arabischen Moderne war. Das Werk von Onnig Avedissian (1898–1974) schärft das Bewusstsein für «interethnische» Verwandtschaften. Nachdem Avedissians Familie 1922 vor den Truppen Atatürks geflohen war, informierte sie den jungen Künstler, der damals in Wien lebte, über ihre neue Adresse in Aleppo. Avedissian schloss sich schließlich der Kairoer Kunstwelt an und führte Aufträge in Beirut, Jerusalem und Nikosia aus. Der Kunsthistoriker Avinoam Shalem hat die Bedeutung eines in Mosul gefertigten Aktes für seine Familiengeschichte der Entwurzelung und der umstrittenen Wiederverwurzelung aufgezeigt. Shaker (Azar) Abdulnabi-Shalem (geb. 1933 in Mosul – gest. 2022 in Haifa) kopierte Ingres' *Grande Odalisque* akribisch, möglicherweise auf Wunsch seiner Mutter, und fertigte – wahrscheinlich irgendwann in den vierziger Jahren – nach einem Druck eine Vergrößerung an. Die Familie seines Vaters verließ den Irak 1950, weil sie Juden waren, aber sie blieben Araber, als sie sich in Israel niederließen. Ihre Kopie von Ingres' *Grande Odalisque* verankerte die Familie im modernen, kosmopolitischen Mosul; es nahm einen Platz in den ungelösten Debatten über Geschlechtergrenzen und generationsübergreifenden Loyalitäten ein.

Ich hoffe, dass meine Beschäftigung mit arabischen Akten, ausgehend von Omar Onsis *At the Exhibition*, eine lange Zeit übersehene künstlerische Produktion wieder sichtbar machen kann. Ein eingehenderer Blick darauf macht verständlich, warum die Geschichte des arabischen Aktes so unwahrscheinlich anmutet und warum sie eng mit drängenden Fragen und Herausforderungen der heutigen arabischen Gesellschaft zusammenhängt. Wer ist arabisch⸮ Was macht einen Araber aus⸮ Was macht Arabischsein aus⸮ Was kompromittiert es⸮ Diese Fragen betreffen die Herkunft ebenso wie die Sexualität, das Geschlecht ebenso wie den Aktivismus, die politischen Aspirationen ebenso wie deren praktische Umsetzung. Wie organisiert der Islam das Leben⸮ Welche Beziehungen zu Körpern kann er stiften⸮ Wie sind das Göttliche und das Menschliche miteinander verwoben⸮ Dies sind Fragen der Lebensführung und Selbstorganisation, auch der Nachhaltigkeit und der Verantwortung, der Sozialität und des Seins. Es sind Fragen des Aktes.

Bildnachweis:
Abb. 1: Sammlung Samir Abillama, Dbaye, Libanon. – Abb. 2: Privatsammlung. – Abb. 3: Aus: Ma'rid al-Fannan 'Umar al-Unsi [The artist Omar Onsi's exhibition]», in: al-Ma'rid, 28. Februar 1932, S. 20. Mit freundlicher Genehmigung der Special Archives Collection, American University of Beirut. – Abb. 4: Agial Art Gallery, Libanon. – Abb. 5: Hani Farroukh Collection, Beirut.

Sonja Mejcher-Atassi

Nachdenken über May Z.

«May Ziadeh hat es [ihr Haar] unzählige Male geschnitten. Als ihre Mutter starb, als sie wegen Geisteskrankheit in der Asfouriya-Heilanstalt landete und dann wieder, als sie entlassen wurde und niemand kam, um sie zu sehen. Am bittersten war es, als ihr klar wurde, dass sie ihr Leben in literarischen Salons mit Männern vergeudet hatte, die sie ‹schön› nannten, und dass sie sich stattdessen hätte zurückziehen und schreiben sollen.»[1]

Vor dreißig Jahren stößt eine Literaturstudentin in Kairo auf einen Roman, dessen Erscheinen die ägyptische Autorin Enayat al-Zayyat, die wenige Jahre zuvor Selbstmord begangen hatte, selbst nicht mehr erlebt hat. Iman Mersal heißt die Literaturstudentin, und für Mersal ist al-Zayyats Roman *al-Hubb wal-samt* (Liebe und Stille) nichts weniger als ein Lebensroman und der Beginn einer Spurensuche nach einer vergessenen Autorin. Erst mit der Veröffentlichung ihres eigenen Buches, das die Suche im Titel trägt – *Fi athar Enayat al-Zayyat* (Auf den Spuren von Enayat al-Zayyat) –, kommt die Recherche zu einem vorläufigen Abschluss. Aber ist diese Spurenlese eigentlich als Biographie der Schriftstellerin Enayat al-Zayyat zu lesen, oder ist Mersals reich aus eigenen Imaginationen schöpfender Text ein literarischer Erinnerungsbericht, gar auch ein Roman? Und welche Rolle kommt in Mersals Memoir der rätselhaften, in ihrem eigenen Schreiben und ihrer literarischen Entfaltung vielfach gehinderten May Zia-

1 Iman Mersal: Fi athar Enayat al-Zayyat, Cairo 2019, S. 215. Das Buch wurde 2021 mit dem renommierten Sheikh-Zayed-Preis ausgezeichnet und erschien 2024 in englischer Übersetzung von Robin Moger als «Traces of Enayat». Alle Übersetzungen aus dem Arabischen in diesem Essay stammen von der Verfasserin dieses Beitrages.

deh aus der eingangs vorangestellten Passage zu? Und was überhaupt verbindet all die Frauen Iman, Enayat und May? Wie kann es uns gelingen, aus den überlieferten Bruchstücken und Fäden arabischen Schriftstellerinnen näherzukommen, um mehr über die besonderen Umstände ihres Lebens und Schreibens zu erfahren? Welche Archive stehen zur Verfügung, und wie verhalten wir uns zu den geschlechterspezifischen Lücken, blinden Flecken und Verschwiegenheiten in den Archiven?

Diese Fragen bewegten schon vor hundert Jahren May Ziadeh dazu, mit kurzen biographischen Abhandlungen arabische Schriftstellerinnen ins Licht zu rücken und dem Vergessen zu entreißen.[2] Mit diesen Literaturgeschichten schrieb sie nicht irgendeine Geschichte, sondern Frauengeschichte. Mit May Ziadeh ist eine Pionierin aus den Anfängen des arabischen Feminismus zu entdecken. Wie Hala Kamal überzeugend gezeigt hat, schuf sie «eher einen Dialog als ein Narrativ, einen Dialog zwischen den beiden Frauen [zwischen ihr und der jeweiligen Schriftstellerin, deren Leben sie skizzierte] sowie zwischen ihnen und uns als Leserinnen.»[3]

May wurde als Mary Elias Ziadeh 1886 in Nazareth geboren. Ihre Geburt fällt in die Zeit der arabischen *Nahda* (Renaissance), die umfassende soziale Umwälzungen und kulturelle Transformationen nach sich zog.[4] Mays Herkunftsbiographie ist vielfach migrantisch durchbrochen und geprägt von unterschiedlichen religiösen und kulturellen Einflüssen. Die Mutter, Nuzha Mu'ammar, kam aus Palästina, ihre Familie war jedoch syrischer Herkunft. Der Vater, Elias Ziadeh, der als Lehrer in Nazareth arbeitete, stammte aus dem Libanon. May besuchte christlich ausgerichtete Schulen, die Sister of St. Joseph School in Nazareth, wo sie neben Musik auch Französisch und Italienisch lernte. Danach ging sie auf das Collège des Sœurs de la Visitation in Aintoura im heutigen Libanon und studierte später ein Jahr im Maison des Filles de la Charité in Beirut, bevor sie nach Nazareth zurückkehrte. 1907 zog ihr Vater mit seiner Familie nach Kairo. May arbeitete zunächst als Französischlehrerin für die Töchter des ägyptischen Freimaurers Idris Ragheb Pasha. Letzterer war Inhaber der Zeitung *al-Mahrousa*, überantwortete das Blatt jedoch 1908 seinem Freund Elias Ziadeh. May, die unter dem Pseu-

2 Dazu zählen die unter dem Pseudonym «Bahithat al-Badiya» (Suchende in der Wüste) bekannte Malak Hifni Nasif (1920), Aisha Taymur (1926) und Warda al-Yaziji (1926).

3 Hala Kamal: Women's Writing on Women's Writing: Mayy Ziyada's Literary Biographies as Egyptian Feminist History, in: Women's Writing: The Elizabethan to Victorian Period 25,2 (2018), S. 270. Vgl. auch Marilyn Booth, Biography and Feminist Rhetoric in Early Twentieth-Century Egypt: Mayy Ziyada's Studies of Three Women's Lives, in: Journal of Women's History 3,1 (1991), S. 38–64.

4 Vgl. als Standardwerk zur Nahda: Albert Hourani: Arabic Thought in the Liberal Age, 1798–1939, Cambridge 1983.

5 Boutheina Khaldi: Egypt Awakening in the Early Twentieth Century. Mayy Ziyādah's Intellectual Circles, New York 2012.

Abb. 1
May Ziadeh – Porträt einer Schriftstellerin und Wegbereiterin des arabischen Feminismus.

donym Isis Copia bereits den französischen Gedichtzyklus *Fleurs de Rêve* veröffentlicht hatte, begann unter ihrem arabischen Namen May Artikel für *al-Mahrousa* zu schreiben *(Abb. 1)*. 1913 eröffnete sie den Dienstagssalon, wo schillernde Figuren des intellektuellen Lebens zusammentrafen, unter ihnen die Literaten Taha Hussein, Salama Moussa und Ahmed Shawki. Gelegentlich war dort auch Huda Sha'arawi anzutreffen, eine weitere zentrale Gründerfigur der frühen ägyptischen Frauenbewegung.[5] May setzte ihre Ausbildung während des Ersten Weltkriegs fort und besuchte die Ägyptische Universität in Kairo, wo sie sich in den humanistischen Kernfächern Latein und Griechisch ausbildete, aber auch die modernen Sprachen Deutsch und Spanisch lernte. Sie übersetzte unter anderem Max Müllers *Deutsche Liebe:*

Aus den Papieren eines Fremdlings ins Arabische. Nach dem Tod ihres Vaters im Jahr 1929 trat May ihr Erbe als Eigentümerin und Herausgeberin von *al-Mahrousa* an. Zeitgleich schrieb sie für zahlreiche andere arabische Zeitschriften und Zeitungen. Anfang der dreißiger Jahre hielt sie sich einige Zeit in England und Italien auf. Nach dem Tod ihrer Mutter sowie ihres engen Brieffreundes – und vielleicht auch Geliebten (darüber schweigt sich das Archiv aus) – Gibran Khalil Gibran[6] wurde ein Nervenleiden diagnostiziert. Ihr Cousin Joseph Ziadeh brachte sie von Ägypten nach Libanon, wo sie in die renommierte Asfouriya-Heilanstalt eingeliefert wurde.[7] Wie May in einem Brief an eine nicht weiter benannte Freundin schrieb, verkaufte ihr Cousin ihre Bibliothek und Möbel in Kairo, woraufhin sie in den Hungerstreik trat, fest davon überzeugt, dass ihre Familie sie um ihr Erbe bringen wollte:

«Ich bin in den Hungerstreik getreten, weil ich nach der Verfolgung und den Misshandlungen, die ich erlitten habe, sterben wollte. In Ägypten wurden meine Möbel und meine Bibliothek versteigert, und im Libanon wurde ich seltsamen Methoden unterzogen, um die Leute glauben zu machen, ich sei verrückt.

Ich weigere mich, Menschen zu empfangen und mit ihnen zu sprechen. Die Leute, die mich bei meiner Ankunft in Beirut besuchten, sprachen in einer Weise mit mir, die darauf hindeutete, dass sie mich für verrückt hielten. Sie behaupteten, ich hätte meine Bibliothek verbrannt, die mein wertvollster Besitz im Leben ist, denn sie enthält handsignierte Bücher mit Widmungen ihrer Autoren, als hätte ich versucht, Kinder zu verbrennen (…).»[8]

Nach einem kurzen Aufenthalt in der Psychiatrie des Krankenhauses der Amerikanischen Universität Beirut (AUB) und auf Druck einflussreicher Freunde, unter ihnen der libanesische Präsident Emile Eddé und der jordanische König Abdallah I., wurde die Vormundschaft aufgehoben und May 1938 wieder in den bürgerlichen Zustand der Mündigkeit gesetzt. Im folgenden Jahr kehrte May nach Kairo zurück, wo sie noch einige öffentliche Vorlesungen gab, aber kurz darauf, 1941, im Alter von fünfundfünfzig Jahren starb.[9]

6 Gibran und Ziadeh kannten sich nur per Korrespondenz, es gab keine persönlichen Treffen. Einige Briefe liegen in deutscher Übersetzung von Ursula und S. Yussuf Assaf vor. Vgl. Khalil Gibran: Liebesbriefe an May Ziadeh, Düsseldorf 2000.

7 Über Asfouriya sind zuletzt erschienen: Joelle M. Abi Rached: Asfūriyyeh. A History of Madness, Modernity, and War in the Middle East, Boston 2020; Lamia Moghnieh: The Broken Promise of Institutional Psychiatry. Sexuality, Women, and Mental Illness in 1950s Lebanon, in: Culture, Medicine, and Psychiatry 47 (2023), S. 81–98.

8 May Ziadeh: Rasa'il May: safahat wa-'abarat min adab Mayy al-khalid (Mays Briefe: Ausschnitte und Ausdrücke aus Mays unvergänglichen Werken), Beirut 1951, S. 90.

9 «May Ziadeh», https://www.palquest.org/en/biography/33400/may-ziadeh.

May Ziadeh ist in ihrem eigenen Schreiben in einem steten Austausch mit der westlichen literarischen Moderne. Mit Virginia Woolf verbinden sie nicht nur die äußeren Lebensdaten und das Aufbegehren gegen den im Geschlechterkampf gerne genutzten Vorwurf, «hysterisch» oder «wahnsinnig» zu sein,[10] sondern auch ihr ausgeprägtes Sensorium für besondere feministische Topoi. Zeitgleich mit Woolfs Vortragsreisen im Westen hielt sie in einem Nahen Osten, den sich das britische Empire und Frankreich im Sykes-Picot-Abkommen von 1916 aufgeteilt hatten, Vorträge an Universitäten sowie in anderen Foren. Ihre Rede *Kolumbus wa-fath Amirka* (Kolumbus und die Entdeckung Amerikas), die sie 1922 als eine der ersten Frauen an der AUB gehalten hatte, wurde in einem szenischen Reenactment 2016 zum 150-jährigen Bestehen der AUB aufgeführt.[11] Eine Auswahl ihrer Vorträge findet sich in ihrem 1922 veröffentlichtem Buch *Kalimat au isharat* (Worte und Zeichen).[12] In ihrem im selben Jahr erschienenen Buch *Sawanih fatat* (Gedanken einer jungen Frau) bezeichnet May ihren eigenen Mut zum kämpferischen Schreiben gegen alle mäkelnde Literaturkritik, Vorbehalte und Widerstände als einen «wichtigen Schritt zur Würdigung der Frauenliteratur» und Vorbild für künftige Generationen.

«Wir träumen gerne. Wir bitten um Nachsicht und um ‹mildernde Umstände›, wie unsere Kritiker sagen, denn wir sind Anfänger. Wir sind die Töchter des Tages, an dem die Sonne über uns aufgeht. Wir schaffen unser eigenes Erbe, indem wir Pfade in verlassenen Wäldern entdecken und den Weg zwischen Felsen und Büschen ebnen für uns und für diejenigen Frauen, die nach uns kommen.»[13]

May schloss ihre Überlegungen mit dem Satz: «Eines Tages wird jemand mir Gerechtigkeit widerfahren lassen.» Als eine der vielen vergessenen Autorinnen der *Nahda* wurde sie in den letzten Jahren wiederentdeckt und erforscht, Mays umtriebiges intellektuelles Leben fiktionalisiert und verfilmt – auf Französisch von der libanesischen Autorin Darina Joundi und auf Arabisch von dem algerischen Autor Waciny Laredj, der gemeinsam mit dem libanesischen Regisseur Talal Darjani eine dramaturgische

10 Suad Al Anzi: Nisa'fi ghurfat Virginia Woolf (Frauen in Virginia Woolfs Zimmer), Damascus 2021; Dana Al-Shahbari: Modernist Encounters Across Borders: May Ziadeh and Virginia Woolf, Magisterarbeit, American University of Beirut, November 2022.

11 Siehe https://www.aub.edu.lb/TheaterInitiative/Pages/Moonadilat.aspx.

12 May Ziadeh: Kalimat au isharat, Beirut 2005.

13 May Ziadeh: Sawanih fatat, Kairo 2011, S. 7.

Bearbeitung für das Theater in Arbeit nahm.[14] Al Jazeera und Abu Dhabi TV zeigten Dokumentarfilme in arabischer und englischer Sprache.[15] Bei diesen Versuchen, sich aus den vielen losen biographischen Fäden May anzunähern, kommt dem Archiv eine besondere Rolle zu. Es geht darum, Antworten zu finden auf die komplexe Frage nach Zugehörigkeit, die May in ihrem Buch *Zulumat wa-ashi'a* (Dunkelheit und Licht) in immer neuen Schleifen umkreist hat. «Ayna watani» (Wo ist mein Heimatland؟), fragt sie und fährt fort: «Ich wurde in einem Land geboren. Mein Vater kommt aus einem anderen Land und meine Mutter aus einem weiteren. Meine Geister reisen von einem Land zum anderen. Zu welchem dieser Länder gehöre ich؟»[16]

Der Ort, an dem diese Länder zusammentreffen und der ohne seine Nachbarländer undenkbar ist, hat einen Namen: Beirut, «Stadt der Fremden», wie Elias Khoury diesen Schmelzpunkt vieler migrantisch verwobener Lebensläufe in dieser Ausgabe der *Zeitschrift für Ideengeschichte* beschreibt. Auf den Spuren von May Ziadeh betreten wir die Amerikanische Universität Beirut, die 1866 von Missionaren als Syrian Protestant College gegründet wurde. Vom großen Eingangstor, in das das biblische Motto «Damit sie das Leben haben und es in Fülle haben» auf Arabisch und Englisch eingraviert ist, gehen wir die Treppen zum Campus hinunter. Es öffnet sich eine grüne Oase inmitten einer verbauten und immer wieder zerbombten Stadt, von der aus sich spektakuläre Blicke auf das Mittelmeer auftun. Setzt man seinen Weg fort und geht geradeaus, so gelangt man durch die College Hall zur dahinter liegenden Bibliothek, die nach Nami Jafet benannt ist, einem Zeitgenossen Mays, der zur ersten Generation von Absolventen der Universität zählte und sich als Mathematiker und Philanthrop einen Namen erworben hat. Eine Treppe führt von der Eingangshalle hinunter in die kühlen Kammern des Archivs.

Angesichts der schwindenden Bedeutung libanesischer Nationalarchive seit dem Bürgerkrieg (1975–1990) und einer regionalen Bibliothekslandschaft, die von Kriegsverlusten schwer gebeutelt ist und mit Omnia El Shakry als «Geschichte ohne Dokumente» beschrieben werden kann,[17] kommt der AUB im Libanon eine besondere Rolle für das kulturelle Gedächtnis zu. Während in den Anfangsjahren der AUB hauptsächlich Dokumente ge-

14 Darina Joundi: Prisonnière du Levant: La vie méconnue de May Ziadé, Paris 2017; Waciny Laredj: May: Layali Isis Copia (May: Die Nächte der Isis Copia), Beirut 2019.

15 Al Jazeera, Farashat al-adab: May Ziadeh (Schmetterling der Literatur: May Ziadeh) (2016) und May Ziadeh: The Life of an Arab Feminist Writer (2018); Abu Dhabi TV, A'mal May Ziadeh: al-thalathun al-khatira (May Ziadehs Werk: Die kritischen Dreißiger) (2018).

16 May Ziadeh: Zulumat wa-ashi'a, Kairo 2011, S. 81.

17 Omnia El Shakry: History without Documents: The Vexed Archives of Decolonization in the Middle East, in: American Historical Review 120, 3 (2015), S. 920–934. Siehe auch Christine Jungen/Jehane Sfeir (Hg.): Archiver au Moyen-Orient: Fabriques documentaires contemporaines, Paris 2019; Sonja Mejcher-Atassi/John Pedro Schwartz (Hg.): Archives, Museums and Collecting Practices in the Modern Arab World, Farnham 2012.

18 Brad Bauer/Samar Mikati Kaissi/Ryder Kouba/Stephen Urgola: What's in a Name؟ Archives and Special Collections at American research Institutions in the Middle East: Repositories at the American University of Beirut, the American University of Cairo, the American Center of Research in Jordan, and New York University Abu Dhabi, in: The American Archivist, 86,2 (2023), S. 461.

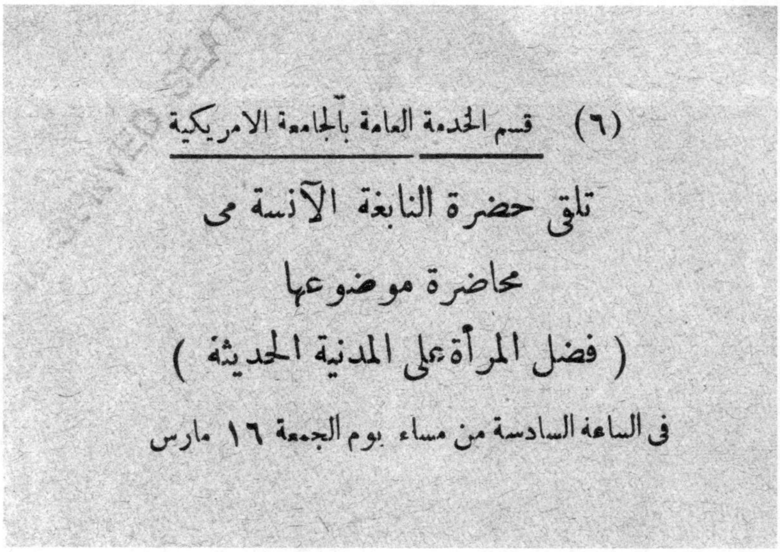

(٦) قسم الخدمة العامة بالجامعة الامريكية

تلقى حضرة النابغة الآنسة مى

محاضرة موضوعها

(فضل المرأة على المدنية الحديثة)

فى الساعة السادسة من مساء يوم الجمعة ١٦ مارس

Abb. 2
Eintrittskarte zu einem Vortrag von May Ziadeh («Die Verdienste der Frau für eine neue Modernität») an der Amerikanischen Universität Kairo, 1920er Jahre.

sammelt wurden, die unmittelbar mit der Geschichte der Universität, ihren Studierenden und Alumni zu tun haben, sind ihre Bibliothekare inzwischen dazu übergegangen, aktiv Sammlungen zu erwerben und auch nach Schwerpunkten aufzubauen.[18] Dazu zählen nicht nur über 1800 arabischsprachige Manuskripte, von denen einige bis in das neunte Jahrhundert zurückreichen, sondern auch seltene Bücher, Landkarten, Photographien, Postkarten, Poster bis zu neueren, popkulturellen Genres wie Comics. Zur *Nahda* hat die Universität einen weltweit einzigartigen Bestand mit unzähligen Zeitschriften und Zeitungen, die vor allem in Beirut und Kairo, aber auch in Damaskus, Jaffa, Jerusalem und anderen Städten publiziert wurden, sowie einigen Privatsammlungen. Darunter die Bibliothek von Isa' Iskandar al-Ma'luf, in der sich eine Eintrittskarte zu einem von May an der Amerikanischen Universität Kairo gehaltenen Vortrag mit dem Titel *Fadl al-mar'a 'ala al-madaniyya al-haditha* (Die Verdienste der Frau für eine neue Modernität) sowie die gebundene Aus-

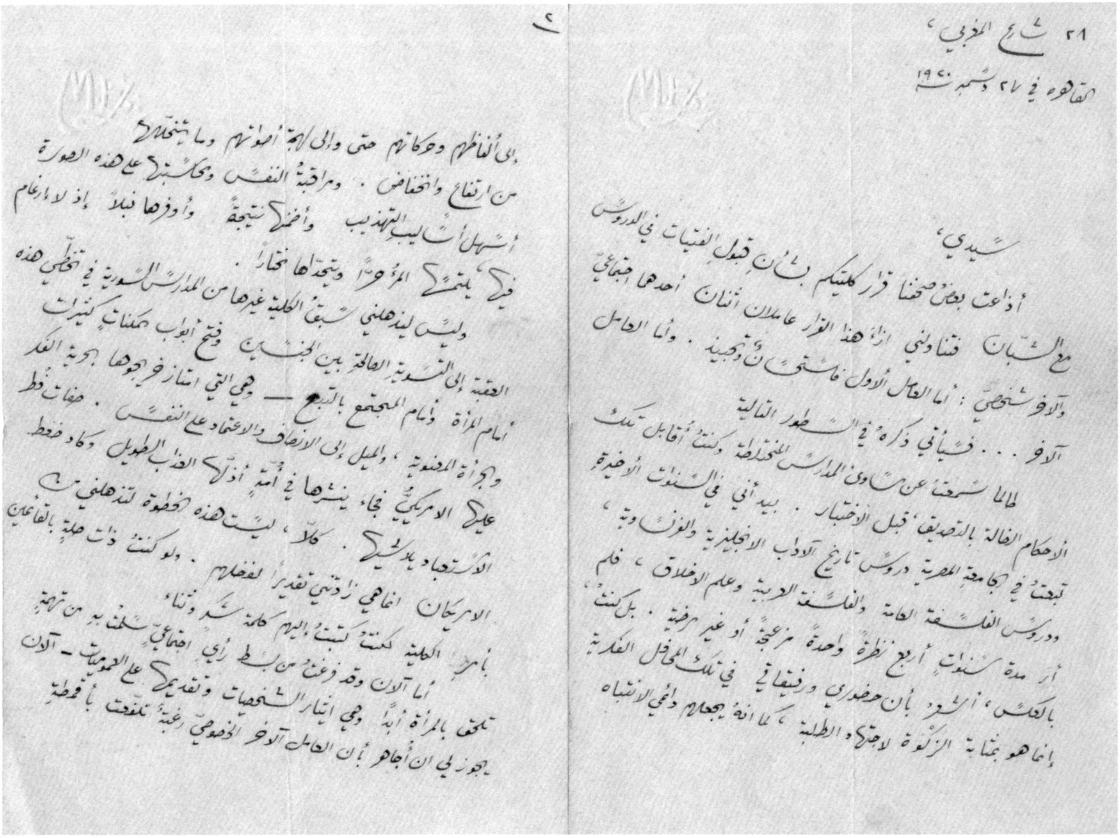

gabe eines anderen Vortrags über eine universale philosophische Frage *Ghayat al-hayat* (Der Sinn des Lebens) findet *(Abb. 2)*. Die führende Rolle von Frauen in der *Nahda* wurde viele Jahre lang ignoriert.[19] Mit der Veröffentlichung digital zugänglicher Ressourcen und mit Ausstellungen, darunter «Women Pioneers in the Arab Press (1892–1925)», hat die AUB dazu beigetragen, dieses Bild zu revidieren.[20]

Die AUB verfügt auch über eine kleine Archivschachtel zu May, die drei Mappen enthält.[21] Zu den Dokumenten zählen vier Briefe im Original und zwei als Reproduktion, unter den Originalbriefen findet sich ein fünfseitiger Brief von May aus Kairo an Jabr Dumit, den Herausgeber der Kairoer Zeitung *al-Mahrousa*, datiert vom 27. Dezember 1920, in dem May sich für Koedukation an der AUB ausspricht, die dann 1921 auch tatsächlich eingeführt wurde *(Abb. 3)*.[22] Außerdem finden sich hier als Lebensdokumente die anrührend zu lesenden Briefe, die fordern, May aus der Vormundschaft der Asfouriya-Heilanstalt zu lösen, so-

19 Marilyn Booth: Liberal Thought and the ‹Problem› of Women, in: Jens Hanssen/Max Weiss (Hg.): Arabic Thought Beyond the Liberal Age: Towards an Intellectual History of the Nahda, Cambridge 2016, S. 187–213.

20 Siehe https://aub.edu.lb.libguides.com/Al-Nahda/Women_awakening und https://online-exhibit.aub.edu.lb/exhibits/show/women-pioneers-in-arab-press/introduction.

21 Es handelt sich dabei um eine Schenkung aus dem Jahr 2019 von Helen Abi Abdallah Abi Shadid, der Urenkelin von Jabr Dumit, der Herausgeber von al-Mahrousa in Kairo →

Abb. 3
Plädoyer für Bildung über Geschlechtergrenzen hinweg. Brief von May Ziadeh an Jabr Dumit, Kairo, 27. Dezember 1920, Auszug.

Abb. 4
Vorbilder: Broschüre der Fondation Nationale du Patrimoine mit Bildvignetten zu May und anderen arabischen Schriftstellerinnen, Beirut 2003.

wie vier an der AUB gehaltene Vorträge.[23] Hinzu kommen diverse Broschüren und Artikel, in denen May erwähnt wird, darunter eine *Banat baladi / Femmes et Patrimoine* betitelte Broschüre der libanesischen Fondation Nationale du Patrimoine jüngeren Datums, in der May neben anderen kämpferischen Autorinnen und Mistreiterinnen abgebildet ist *(Abb. 4)*.[24]

Ob zwischen diesen Archivalien als Reliquien der Verzweiflung auch Haare von May zu finden sind, wie sie Iman Mersal in ihrer eigenen literarischen Annäherung imaginiert hat, bleibt wohl unserer Phantasie überlassen. Aber zu Mays Spuren in der AUB sind andere flankierende Sammlungen hinzugekommen, darunter 28 Schachteln mit Briefwechseln, Tagebüchern, Manuskriptentwürfen und Ephemera in arabischer, englischer und französischer Sprache der arabisch-amerikanischen Schriftstellerin und Künstlerin Etel Adnan, die diese noch zu ihren Lebzeiten der AUB vermacht hatte.[25] Mit einer ähnlich komplexen Herkunftsbiographie, einem muslimischen Vater, dessen Lebensweg uns zurück nach Damaskus führt, und einer in Smyrna geborenen christlichen Mutter, kam Etel 1925 in Beirut zur Welt. Auch Etel Adnan zählt zu den «Töchter[n] des Tages, an dem die Sonne über uns aufgeht», also zu jenen Frauen, die Mays Erbe fortgesetzt und literarische Entfaltungsräume für Autorinnen gegen alle Widerstände in der arabischen Welt geöffnet haben.

→ war, bevor er als Übersetzer für die britischen Streitkräfte in den 1880er Jahren im Sudan arbeitete und in den Libanon zurückkehrte, wo er als Professor für arabische Literatur an der AUB tätig war. Siehe dazu https://www.aub.edu.lb/Libraries/asc/Collections/Pages/FindingAids.aspx; https://www.loc.gov/item/2021666279.

22 Siehe https://www.aub.edu.lb/coed/Pages/default.aspx.

23 Neben dem Vortrag «Durus fi sahra» (Lektionen in der Wüste): «Risalat al-adib ila al-hayat al-'arabiyya» (Botschaft des arabischen Literaten an das arabische Leben) und «al-Quwa wal-da'f fi ruhyatina» (Die Stärke und Schwäche in unserem geistigen Leben).

24 Unter ihnen Anbara Salam Khalidi, Asmahan, Nazira Jumblatt, Janine Rebeiz, Nadia Tueini und Rose El Youssef. Der arabische Titel spricht von «banat baladi», «den Mädchen meines Landes».

25 Siehe https://www.aub.edu.lb/Libraries/News/Pages/Etel-Adnan-exhibition.aspx.

Bildnachweis:
Abb. 1: Bild von May Ziadeh, aus: Al Kulliyah 48 (1972), May Ziadeh Collection, American University of Beirut/Library Archives. – Abb. 2: Isa' Iskandar al-Ma'luf Collection, American University of Beirut/Library Archives. – Abb. 3 und 4: May Ziadeh Collection, American University of Beirut/Library Archives.

MOHAMMAD AL ATTAR

Eine Frühlingsnacht

Beirut – März 2022

Mein Blick richtet sich auf die Trümmer, die sich noch immer um das Hafengelände herum auftürmen. Der Taxifahrer erzählt mir in allen Einzelheiten, wie er die Explosion erlebt hat. Derselbe Fahrer hat mich vor ein paar Tagen am Flughafen von Beirut abgeholt, als ich aus Berlin kam. Trotz seiner Klage über die katastrophale wirtschaftliche Situation im Land war er zum Scherzen aufgelegt und hatte nicht um den Fahrpreis gefeilscht. Wir fahren am Hafen vorbei durch die Stadtviertel von Mar Mikhael und Karantina bis nach Dora, bevor wir nach Achrafieh und Geitawi abbiegen. Ich will die Nachwirkungen der gewaltigen Explosion in den Vierteln sehen, in denen ich so viel Zeit mit Freunden verbracht habe. Aber ich möchte dem Fahrer nicht verraten, dass ich mich in der Stadt gut auskenne. Im Vorbeifahren wird mir klar, dass das Leben in diesen einst belebten Straßen erloschen ist. Als wir am Krankenhaus von Geitawi ankommen, bitte ich den Fahrer, auf dem Weg in den Bezirk Remeil die engen Gassen zu nehmen. «Shou, Ammo, woher kennst du Beirut so gut؟» Ich finde keine Antwort auf die Frage. Kenne ich Beirut wirklich؟ Welches Beirut kenne ich؟

Damaskus – 1988

Es war ein großes Ereignis für unsere kleine Familie. Ein Verwandter aus dem Libanon besuchte uns in Damaskus. Es war das erste Mal, dass ich ein Mitglied des libanesischen Teils meiner Familie kennenlernte. Mein Vater wurde in der südlibanesischen Stadt Tyros geboren und verbrachte dort seine Kindheit und Jugend. Seine Mutter kam aus dieser Stadt, die in der Antike als Königin der Meere bekannt war, im heutigen Libanon nicht zuletzt aufgrund ihrer geographischen Nähe zur israelischen Grenze aber eine abgelegene Rolle spielt. Später verließ mein syrischer Großvater seine libanesische Frau und zog mit seiner neuen Gattin nach Damaskus. Das war vor der Unabhängigkeit vom französischen Mandat, zu einer Zeit, als die Menschen noch zwischen den beiden Ländern hin und her reisten, ohne an Grenzen zu denken.

Der Gast brachte wertvolle Geschenke mit: Bananen, Zitronen und Schokolade. Ich betrachtete ihn mit Neugier und freute mich über die Bananen, die in Syrien Mangelware waren. Sein Besuch ließ Beirut als einen Ort erscheinen, an dem es alles im Überfluss gab, nicht nur Bananen und Schokolade, sondern auch ausländische Turnschuhe und andere Dinge, nach denen wir uns in Syrien sehnten. «Wann fahren wir nach Beirut؟», fragte ich immer wieder, ohne jemals eine Antwort zu erhalten. In Beirut tobte noch der Bürgerkrieg, und mein Traum von einer Reise dorthin würde noch ein paar Jahre warten müssen. In der Zwischenzeit besuchten uns noch andere Verwandte aus dem Libanon. Sie brachten noch mehr Bananen und mehr Schokolade, und mit jeder Banane wuchs mein Traum von Beirut. Sie kamen, um religiöse Heiligtümer zu besichtigen sowie die beliebten Märkte in der Altstadt, wo sie Stoffe, Baumwollprodukte, Parfüm und Gewürze zu günstigen Preisen kauften. Währenddessen malte ich Beirut in meiner Fantasie zu einer Stadt aus, in der es Luxusläden voller ausländischer Waren und Kinos mit westlichen Filmen gab, moderne Autos, Zeitungen und Zeitschriften. Eine vor Energie nur so pulsierende Stadt voller Leben und Freiheit, die es in Damaskus nicht gab – und natürlich mit ganz viel Bananen und Schokolade.

Beirut – März 2022

Kurze Zeit nach meiner Ankunft in Beirut beschließe ich, trotz der späten Stunde hinauszugehen und einen Spaziergang zu machen. Sehnsucht mischt sich mit einer überwältigenden Neugierde, eine Strecke entlangzulaufen, die ich fast jede Nacht zurückgelegt hatte, als ich noch in Beirut wohnte. Freunde haben mich davor gewarnt, nachts herauszugehen. Sie sagen, dass Beirut nicht mehr das Beirut sei, das ich kannte, und dass es nachts wegen der anhaltenden Stromausfälle nicht sicher sei. Aber ich mache mich auf den Weg nach Manara und gehe an der Corniche entlang in Richtung von Ain al-Mraiseh. Die Dunkelheit überrascht mich. Es sind keine Fußgänger zu sehen, nicht einmal Autos. Ich kann mich nicht erinnern, die Corniche jemals so leer gesehen zu haben. An der Ecke, wo die Moschee in Ain al-Mraiseh steht, gehe ich zur Bliss-Straße hinauf. In der dunklen Gasse, die den Berg hinaufführt, höre ich ein Telefon klingeln. Ich folge dem Geräusch. Es kommt aus einem geschlossenen Laden. Das Klingeln durchbricht die Stille der leeren Straßen. Es fasst das Bild von Beirut zusammen, das sich vor meinen Augen entfaltet, als ich von Berlin nach Beirut zurückkehre, um meine Mutter zu sehen. Es ist das Bild einer Stadt, die von der Dunkelheit verschluckt und ihres Lebens beraubt wird. Auf der Bliss-Straße angekommen, stelle ich überrascht fest, dass hier, wo normalerweise bis in die frühen Morgenstunden reges Leben herrscht, nur wenige Menschen unterwegs sind. Ich halte einen Moment inne, um die Katzen zu beobachten, die vom Campus der American University of Beirut aus über die Straße laufen. Dann gehe ich weiter in Richtung der Hamra-Straße, die genauso trostlos daliegt. Über die Australia-Straße setze ich meinen Spaziergang bis zu den Raouche-Felsen am Meer fort, dabei passiere ich einen Checkpoint der Syrischen Sozialen Nationalistischen Partei (SSNP). Zwei junge Männer stehen faul herum. Ich gehe an ihnen vorbei und sage: «Ahlan ya shabab.» Einer von ihnen antwortet: «Lang lebe Syrien.» Ich nicke ihm zu und gehe weiter.

Beirut – Sommer 1992

«Gott beschütze Syrien», sagte der libanesische Fahrer zu den syrischen Soldaten, die an einem Checkpoint der syrischen Armee standen, auf dem der Slogan «Ein Volk in zwei Ländern» zu lesen war. Die Soldaten schauten uns gelangweilt an, bevor sie uns signalisierten, dass wir weiterfahren sollten. Mein Bruder und ich steckten unsere Köpfe aus den Autofenstern und bestaunten die hohen Gebäude und großen Straßenschilder. Wir konnten nicht glauben, dass wir endlich in Beirut waren. Wenn ich mir dieses Bild vor Augen führe, fühle ich die Schwüle des Tages und habe ich den Geruch des Meeres in der Nase, der sich mit dem Duft der mit Barazek und anderen Damaszener Süßigkeiten gefüllten Schachteln mischt, die wir als Geschenke mitbrachten. Verstreute Bilder meiner erste Reise nach Beirut als elfjähriges Kind drängen sich in meinem Kopf: Die mit Zeitungen vollgestopften Kioske; die Freude, die meinen Bruder und mich in einem Second-Hand-Laden überkam, als wir Adidas-Kleidung kauften; die lauten Gespräche über den Krieg, der gerade zu Ende gegangen war, aber in den Köpfen der Menschen nachhallte. Ich erinnere mich an Verwandte, die die Hisbollah lobten und die Amal-Partei beleidigten, den Cousin meines Vaters, der die Palästinenser beschimpfte, die seinen Bruder getötet hatten. Im Libanon wird viel über Politik und Politiker geredet, während wir in Damaskus uns bei dem bloßen Wort Politik auf die Zunge beißen. Es gibt keine roten Linien außer einer: Syrien. Die syrische Armee und die syrischen Geheimdienste werden mit keinem Wort erwähnt. Wir hielten bei einem kleinen Uhrengeschäft, das einem Freund meines Vaters aus Kindertagen gehörte. Er gab uns Rabatt auf zwei Casio-Digitaluhren, eine für meinen Bruder und eine für mich. Er sagte: «Wir lieben Syrien, wie Litauen Russland liebt.» Mein Vater lachte. Ich erinnere mich an Gebäude, deren Fassaden mit Bombenkratern und Einschusslöchern übersät waren. Ich starrte sie lange an, als blicke ich in das Gesicht des Krieges.

Beim Abschied schaute ich aus dem Fenster des Taxis, ein alter gelber amerikanischen Dodge, das uns für die Rückfahrt nach Damaskus abholt. Ich wollte mir jedes kleinste Detail von Beirut einprägen, bevor wir abfuhren. Ich war kurz davor zu weinen, aber ich wollte auch nach Damaskus zurück, denn ich vermisste meine Mutter und meine Schwester und hatte meinen Freunden so viel von Beirut zu erzählen. Ich fragte meinen Vater: «Wann fahren wir?» Aber er wollte uns nur warnen, bei unserer Rückkehr in Damaskus nichts von dem zu sagen, was wir an politischen Gesprächen auf unserer Reise gehört hatten.

Beirut – Januar 2012

Als ich aus dem Taxi stieg, richtete sich mein Blick auf die Slogans der syrischen Revolution, die auf der Mauer der American University of Beirut zu lesen waren. Ich kam im ersten Haus an, in dem ich nach meiner Flucht aus Syrien wohnen sollte. Aus Angst vor den Geheimdiensten war ich mit nur zwei kleinen Rucksäcken und der Hoffnung auf eine baldige Rückkehr aufgebrochen. In den folgenden Monaten und Jahren sollte sich diese Hoffnung als falsch erweisen und mein Gepäck wurde immer größer, während ich von einem Haus zum anderen zog.

In meinem ersten Jahr nach der Flucht war die Hoffnung groß, dass die arabischen Revolutionen erfolgreich sein würden und dass der Libanon sich ihnen anschließen würde. Das motivierte viele Syrer und Libanesen meiner Generation dazu, sich näherzukommen. Aber die Syrer, die nach Beirut flüchteten, um der Brutalität des syrischen Regimes zu entkommen, waren sich der Wunden nicht bewusst, die Beirut noch immer quälten. Die meisten von uns wussten wenig über den Bürgerkrieg, über West-Beirut und Ost-Beirut, über die Besonderheiten bestimmter Stadtviertel und ihrer Zugehörigkeit zu der einen oder anderen konfessionellen Mehrheit. Unsere Naivität in Bezug auf die noch immer bestehenden Empfindlichkeiten und die Demarkationslinien, die zwar nicht von Scharfschützen flankiert wurden, aber in den Köpfen vieler Beiruter fortbestanden, half uns, Grenzen zu überqueren und uns frei in der Stadt zu bewegen.

Ich erinnere mich, wie ich, als ich Anfang 2012 in Beirut ankam, oft mit syrischen Freunden am selben Abend zwischen Hamra, Achrafieh und Burj Hammoud unterwegs war. Die meisten meiner libanesischen Freunde wohnten entweder in Hamra oder Gemmayzeh, und sie hatten keine Lust, die Stadt zu durchqueren. Ich habe das oft zu Fuß gemacht – in einer Stadt, in der es trotz ihrer Überschaubarkeit kaum Fußgänger gibt. Ich ging häufig über die Ringbrücke von Achrafieh nach Hamra. Meine libanesischen Freunde waren so erstaunt, als sei ich geradewegs über die Chinesische Mauer gelaufen! Dieser Weg dauerte nicht länger als eine halbe Stunde. Dass wir syrischen Neuankömmlinge so furchtlos zwischen den Stadtteilen hin- und hergingen, lag auch daran, dass wir oft in den entfernten Vororten des Ost- oder Westteils der Stadt wohnten, wo es leichter war, eine Bleibe zu finden. Mit der Zeit begann unsere Leichtigkeit die Stadt anzustecken. Eine neue Dynamik entwickelte sich unter jungen libanesischen, syrischen und palästinensischen Menschen. Wir begannen, uns an verschiedenen Orten zu treffen. Neue Freundschaften wurden geknüpft und mit ihnen entstanden neue gemeinschaftliche Kultur-, Kunst- und Hilfsinitiativen. Eine Gruppe junger Jesuiten stellte uns ein Lagerhaus neben der St.-Joseph-Kirche zur Verfügung, wo wir Spenden sammelten, die wir unter den Flüchtlingen in den Lagern von Sabra und Shatila verteilten. Ich erinnere mich, dass ich oft mit einem jungen Mann und einer jungen Frau aus einer libanesischen trotzkistischen Gruppe, einem jungen Syrer aus Damaskus und einem Jesuitenpater in einem offenen Lastwagen stand, der mit Gegenständen beladen war, die wir von der Kirche in die Flüchtlingslager fuhren und dort verteilten. In Diskussionszirkeln debattierten und stritten wir über politische Fragen, aber uns einte die Erkenntnis, dass unser Schicksal genauso verwoben ist wie das unserer Städte und dass die Freiheit von der Tyrannei unsere einzige Rettung ist.

Beirut – Januar 2014

Als der Bus mit mir und den Schauspielerinnen meines Theaterstücks *Antigone* in der Gemayzeh-Straße anhielt, wo wir bei einer feministischen NGO eingeladen waren, mussten die Autos hinter uns für einige Augenblicke warten. Eine Frau, die in ihrem Auto hinter uns saß, rief empört: «Was machen die Syrer hier bei uns؟» Ihr Geschrei stachelte andere an, ihre Wut an den Frauen auszulassen. Ihre Wut mischte sich mit Erstaunen und Unglauben: Was macht eine Gruppe syrischer Frauen mit Kopftuch und bescheidener Kleidung in diesem Stadtteil im vornehmen Ost-Beirut؟ Warum versammeln sie sich hier؟ Können sie nicht woanders hingehen؟ Ich führte die Schauspielerinnen schnell eine schmale Seitenstraße hinunter zu unserem Treffpunkt und sah die Scham in ihre Gesichter geschrieben.

Bei der ersten Probe stand ich den Frauen gegenüber, die aus den Flüchtlingslagern Sabra, Shatila und Burj al-Barajneh kamen und mit uns die Tragödie des Sophokles neu interpretieren wollten, obwohl sie noch nie auf einer Bühne gestanden hatten. Ich schrieb eine Frage auf eine Tafel: «Warum wollt ihr bei diesem Theaterstück mitmachen؟» Die häufigste Antwort lautete, dass sie sich an ein libanesisches Publikum wenden wollten, das sie nur als mittellose Flüchtlinge sieht. Das hatte ich nicht erwartet. «Wir wollen dem Publikum sagen, dass wir früher ein Zuhause und ein Leben hatten, dass wir vielleicht arm, aber keine Bettler sind und unsere Würde haben», sagte Mona, die aus ihrer Heimat im Umland von Damaskus vertrieben wurde, nachdem sie unter den harten Bedingungen der Belagerung einen Sohn verloren hatte.

Beirut hatte sich verändert, seit ich zuletzt hier war. Ich konnte diese Veränderung gegen Ende des Jahres 2013 spüren, als der Glanz der niedergeschlagenen arabischen Revolutionen verblasste. Dies galt vor allem in Syrien, wo der Konflikt zu einem blutigen Krieg geworden war, in den regionale und internationale Mächte eingriffen. Die Hoffnung auf politischen und sozialen Wandel, die das Beirut der Revolutionszeit gekennzeichnet hatte, wich der Angst vor dem Chaos. Populistische Parolen machten sich breit, die sich gegen syrische Flüchtlinge richteten. Unsere anfängliche Leichtigkeit, mit der wir uns frei in Beirut bewegt hatten, schlug in Vorsicht um. Wir zogen es vor, uns von den von der Hisbollah und Amal kontrollierten Stadtvierteln fernzuhalten, weil wir dort nicht offen über das syrische Regime sprechen konnten. Die Waffen der Hisbollah und ihre Sicherheitsdienste wirken allerdings nicht nur in diesen Gegenden. Vorsicht ist auch in christlichen Vierteln geboten, die mehrheitlich von Aounisten bewohnt werden, die mit der Hisbollah verbündet sind, sowie in Vierteln, die mehrheitlich den Forces Libanaises oder der Phalangistischen Partei unterstellt sind. Diese stellen sich zwar gegen das syrische Regime, aber sie haben eine große Anhängerschaft, die negative, wenn nicht rassistische Haltungen gegenüber syrischen Flüchtlingen vertritt und sie als demografische Bedrohung darstellt. Selbst in gemischten Vierteln haben viele Bewohner aufgrund der stetigen Verschlechterung der wirtschaftlichen Lage und des Fehlens jeglicher Aussicht auf Veränderung die syrische Präsenz satt.

In den drei Monaten, die ich für die Produktion von *Antigone* benötigte, erfuhr ich, dass die Frauen fast täglich mit rassistischen Kommentaren konfrontiert waren und dass diese ein wesentlicher Bestandteil der Geschichten waren, die sie zu den Proben mitbrachten. Dabei ging es nicht nur um die Geschichten von Unterdrückung und Krieg und dem Verlust geliebter Menschen in Syrien, sondern auch um die Geschichten von syrischen Flüchtlingen, die in den von Armut geprägten Außenbezirken Beiruts lebten. Als syrischer Flüchtling aus der Mittelschicht, der in Beirut wohnte, habe ich durch die Arbeit mit ihnen gelernt, dass Rassismus auf klassenbasierten Kriterien beruht. Mein Weg auf der Straße war nicht derselbe wie der ihre, und meine sozialen Kreise, so vielfältig sie auch sein mochten, unterschieden sich von den ihren. Die im Libanon lebenden Syrer sind, wie die Libanesen natürlich auch, stratifiziert, sie bewegen sich in fast hermetisch geschlossenen Kreisen. Wie schafft man es, aus der Enge dieser Kreise auszubrechen?

Flughafen Beirut – März 2022

Ich sehe meine Mutter schon von weitem. Sie ist verwirrt, als sie aus dem Ankunftsbereich tritt und in der Menge der Wartenden nach mir sucht. Ich zeige mich absichtlich nicht. Ich möchte in ihr Gesicht schauen, ohne dass sie mich sieht. Aber als ihre Verwirrung immer größer wird, gehe ich auf sie zu und wir umarmen uns innig. Ich weiß, dass sie weinen wird, und ich weiß, dass sie versuchen wird, es mir zuliebe zu unterdrücken. Deshalb tue ich so, als hätte ich mich um andere Dinge zu kümmern, und sage, dass wir uns beeilen müssen, weil der Fahrer draußen auf uns wartet. Ich war am Vortag aus Berlin gekommen, um sie in Beirut zu treffen. Sie kam mit dem Flugzeug aus Damaskus, für einen «touristischen» Besuch. Das war die einzige Möglichkeit, denn die libanesische Regierung hatte neue Maßnahmen ergriffen, um die Einreise von Syrern in den Libanon zu beschränken. Ohne einen Termin bei einem Arzt oder einer ausländischen Botschaft oder ohne ein Flugticket, das einen Weiterflug von Beirut in ein drittes Land ermöglicht, können Syrer nur noch über den Flughafen im Libanon einreisen und müssen außerdem eine Hotelreservierung und 1000 US-Dollar in bar vorweisen. Wieder einmal wird die Entfernung zwischen Damaskus und Beirut größer.

Es ist dunkel, als wir mit dem Taxi zum Hotel fahren. Ich schaue meine Mutter an, die nach den Lichtern von Beirut sucht. «Du bist von der Dunkelheit in die Dunkelheit gekommen», scherze ich, und sie stößt einen tiefen Seufzer aus.

Adliya-Gefängnis in Beirut – Juni 2014

Der Wärter führte mich zu Zelle Nummer 9. Er öffnete die Tür und fragte, ob es eine freie Matratze gebe. «Ja, Sir, die gibt's.» Ich blieb im Raum stehen, als der Wärter die Tür schloss und ging. Es war fast Mitternacht, und die meisten Gefangenen schliefen schon. Einer von ihnen gab mir ein Laken und deutete in die einzige freie Ecke in der Nähe des Klos. Ich setzte mich hin und versuchte zu verstehen, was mir widerfahren war. Ich wollte nach Berlin fliegen, wo ich zu einem Workshop eingeladen war, als ein Sicherheitsbeamter mich am Beiruter Flughafen ohne jegliche Erklärung in Gewahrsam nahm und mich mehr als sieben Stunden festhielt; von dort wurde ich ins Gefängnis gebracht. Ein junger Mann, der in der Zelle neben mir lag und von dem ich dachte, dass er schlief, drehte sich zu mir um und fragte: «Hast du Hunger?» Dann zauberte er ein Brot, ein Stück *La Vache qui rit* und eine Gurke hervor. Ich konnte an seinem Akzent erkennen, dass er Syrer war. Zu meiner Überraschung hatte ich tatsächlich Hunger. Ich hatte seit dem Morgen nichts gegessen. Er legte den Käse und die Gurke in das Brot und sagte: «Iss!» Seine Großzügigkeit beruhigte mich, und als ich in das Brot biss, nahm meine Anspannung spürbar ab. Ich war erschöpft. Ich legte mich auf die Matratze und fiel in einen tiefen Schlaf.

Eine vertraute Stimme weckte mich. Ich öffnete die Augen und sah in das Gesicht von Abu Saleh. «Was machst du denn hier? Wallahi, ich habe dich an deinen Haaren erkannt.» Ich kannte Abu Saleh von meinen nächtlichen Spaziergängen, ich sah ihn fast jedes Mal in Raouche am Meer. Er war betrunken und obdachlos, aber er war ein erfahrener Geschichtenerzähler, der den Koran gut rezitierte und mich beim Einmaleins herausforderte, das er durch Zählen an den Fingern beider Hände beherrschte. Er stammte aus dem Umland von Aleppo. Er hatte drei Söhne verloren. Einer von ihnen wurde mit seiner Frau und seinen Kindern bei einem Fassbombenangriff der Regimekräfte getötet. Der Tod seines jüngsten, erst achtzehnjährigen Sohns Mohammed brach ihm das Herz. Er wurde von einem Sniper erschossen. Abu Saleh beschrieb ihn mit seiner heiseren Stimme: «Er war so rein.» Ich verstand nicht genau, was er damit sagen wollte, aber ich fragte nicht weiter. Er redete von Dingen, die nichts miteinander zu tun hatten, aber er schweifte immer wieder ab und kam auf seinen Sohn zu sprechen, «Gott sei ihm gnädig, er war makellos». Ich war froh, ihn in der Zelle zu sehen, in der 41 Gefangene auf engstem Raum aufeinanderhockten, alles Syrer bis auf eine kleine Gruppe von Sudanesen. Die meisten von ihnen waren verhaftet worden, weil sie ihre Aufenthaltsgenehmigung nicht verlängern konnten; dafür fehlte ihnen das Geld. Andere wurden verdächtigt, die eine oder andere Straftat begangen zu haben. Die Haftbedingen im Gefängnis waren miserabel, da es in erster Linie dazu diente, Gefangene für wenige Stunden oder Tage festzuhalten, bis sie an einen anderen Ort verlegt wurden. Einige der Gefangenen waren aber schon seit Monaten hier.

So wie sie mich ohne jegliche Erklärung ins Gefängnis gebracht hatten, holten sie mich drei Tage später auch wieder heraus und brachten mich zum Verhör. Ich verstand nichts, außer dass ich im Libanon nicht willkommen sei, dass die Behörden meine Aufenthaltsgenehmigung nicht mehr verlängern wollten und dass sie mich einem Programm unterwerfen würden, das sich «Gründliche Überwachung und Beschlagnahme» nannte. Dies würde durchgeführt, bis meine endgültige Ausreise aus dem libanesischen Hoheitsgebiet gesichert war. Sie übergaben mir meine Habseligkeiten und ließen mich frei. Es war fast Abend. Ich war verwirrt, als hätte man mir mit einem Knüppel auf den Kopf geschlagen. Plötzlich fiel mir ein, dass ich Abu Salehs vollen Namen nicht kannte. Ich wandte mich zurück an die Gefängniswärter und fragte sie: «Kann ich wieder rein?» Die Wärter dachten, ich sei verrückt. Ich sagte ihnen, dass ich nur nach dem Namen von Abu Saleh (deutsch: der Vater von Saleh) fragen wollte. Einer von ihnen rief mir zu: «Ya ammi, es ist jetzt nicht die Zeit für Besuche, komm morgen früh wieder.» Ich sagte: «Wie soll ich denn nach ihm fragen, wenn ich seinen offiziellen Namen nicht kenne?» Der Wärter schrie mich an und befahl mir zu gehen. Ich ging und zog den Koffer hinter mir her, den ich vom Flughafen mitgebracht hatte. Draußen hielt ein Taxi und fragte: «Zum Flughafen?»

Beirut – März 2022

Nach einer langen Zeit der Trennung verbringe ich elf Tage mit meiner Mutter in Beirut. Die meiste Zeit ist auch mein Bruder mit dabei, der aus Riad angereist ist. Wir gehen viel in der Stadt spazieren: die Corniche entlang von Ramlet al-Bayda über Raoche bis zur Zeitouna-Bucht und rauf bis zur Hamra-Straße. Wenn wir auf der Hamra-Straße ankommen, verzieht meine Mutter immer das Gesicht. Die Straße hat sich sehr verändert, ihr Glanz ist verblasst und das Leben, das hier einst herrschte, erloschen. Ich vermeide es, über Beirut zu sprechen, so, wie meine Mutter es vermeidet, über Damaskus zu sprechen, die Stadt, die ich vor mehr als zehn Jahren verlassen habe. Am letzten Tag vor ihrer Abreise gehen wir die Hamra-Straße entlang Richtung Meer, als wir auf eine Straße voller geschlossener Geschäfte, verfallener Gebäude und kaputter Bürgersteige kommen. Meine Mutter sagt: «Mein Herz schmerzt. Beirut geht den Weg, den Damaskus gegangen ist, wir haben nichts mehr.» Ihr Satz schockiert mich. Ich spüre einen Stich im Magen, als drückte der Satz genau das aus, was ich empfand, aber nicht in Worte fassen konnte.

Der Gedanke, dass das Leben aus Beirut verschwinden und die Hoffnung in den Augen meiner verbliebenen Freunde versiegen könnte, versetzt mich in Angst. Ich hatte in den letzten Tagen Anzeichen dafür gesehen, ohne mir ihrer Bedeutung bewusst zu werden – bis meine Mutter diese Worte ausspricht. Wir schweigen, bis wir das Meer erreichen. Es ist unser letzter gemeinsamer Abend; am nächsten Tag müssen wir uns wieder trennen, ohne zu wissen, wann wir uns wiedersehen. Das Meer rettet uns vor einem schwierigen Moment; wir stehen davor und blicken auf den weiten Horizont. «Wollt ihr euch hinsetzen oder weitergehen⸮», fragt mein Bruder. «Schwimmen», antworte ich, und unsere Mutter lacht. Ich sehe sie an und weiß, dass sie hinter ihrem Lachen die Angst vor dem morgigen Abschied versteckt.

Flughafen Beirut – 2016

Am letzten Schalter, wo die Pässe abgestempelt werden, bevor man den Abflugbereich betritt, starrte ein Beamter in meinen Pass. Er forderte mich auf, ihm zu folgen. Es fühlte sich wie ein Déjà-vu an. Vor wenigen Monaten war ich von genau diesem Ort ins Gefängnis gebracht worden. Diesmal leiste ich meiner Ausweisung Folge. Der Beamte forderte mich auf, in einem Raum zu warten, in dem sich eine junge Frau mit zwei kleinen Kindern befand. Sie trug eine einfache Abaya, ihr Gesicht war sichtlich verstört. «Aus Syrien⸮», fragte ich. Sie nickte. «Was ist passiert⸮» – »Wallahi, ich weiß es nicht.» Sie hielt ihr jüngstes Kind im Arm, es war kurz davor zu weinen. Ich winkte ihm zu und zog ein paar Grimassen, um es zum Lachen zu bringen. Der Beamte erschien in der Tür und führte mich zu einem anderen Raum, in dem ein höherer Beamter an einem Schreibtisch saß, umgeben von zwei jungen Männern. Er fragte mich: «Was hast du gemacht⸮» Ich antwortete: «Ich hoffe, Sie können es mir sagen. Lassen Sie mich dieses Mal reisen oder nicht⸮» Er antwortete lächelnd: «Keine Angst, du kannst reisen, aber es ist eine einfache Reise, ohne Rückkehr, hier steht, dass du ein lebenslanges Einreiseverbot hast.» Die beiden Beamten um ihn herum brachen in Gelächter aus, und auch ich lachte. Dann kam einer der Männer auf mich zu, gab mir meinen Pass und sagte: «Gott sei mit dir.» Die Augen der jungen Frau, die noch immer draußen wartete, waren auf mich gerichtet, aber ich vermied es, sie anzusehen, und ging rasch zur Abflughalle.

Berlin – Januar 2016

Nur wenige Wochen nachdem ich als Flüchtling in Berlin angekommen war, lud mich eine Freundin, die Regisseurin Lydia Zemke, ins Theater Ballhaus Ost ein, um ihr neues Stück zu sehen, «And then we took Berlin». Es handelte von einer Gruppe rumänischer Musiker, die zu Mauerzeiten zwischen den beiden Teilen Berlins hin- und herreisen, um Konzerte zu geben. In einer Szene verschlang einer der Musiker eine Banane mitsamt ihrer Schale. Es war die Verbildlichung eines Witzes über die Ost-Berliner und ihre Ahnungslosigkeit in Sachen Südfrüchte, den man wohl auch dreißig Jahre später immer noch sehr lustig fand. Das Publikum bog sich vor Lachen, aber ich blieb wie gelähmt auf meinem Platz sitzen.

Je mehr Zeit ich in Berlin verbrachte, desto besser verstand ich die komplexen Beziehungen zwischen den beiden Teilen der Stadt. Die Ironie bestand darin, dass die Entfernung zwischen Ost- und West-Berlin, die einst durch eine Betonmauer getrennt waren, gleichzeitig so klein und doch so groß war. Das erinnerte mich an die Beziehung zwischen Damaskus und Beirut. Es gibt keine Mauer und doch sind die beiden Städte für ihre Bewohner gleichzeitig die nächstgelegenen und die am weitesten voneinander entfernten Orte. Die 110 Kilometer, die diese Nachbarstädte voneinander trennen, erscheinen oft unüberwindbar.

Beirut – März 2022

Ich höre wieder das Telefon, das in der kleinen Gasse in Ain al-Mraiseh klingelt. Es ist 1 Uhr nachts. Ich habe noch ein paar Stunden Zeit bis zu meinem Rückflug nach Berlin. Meine Mutter und mein Bruder sind schon abgereist. Ich weiß, dass ich nicht schlafen kann, also beschließe ich, mir die Zeit mit einem Spaziergang zu vertreiben. Das Telefon klingelt und durchbricht die Stille der Nacht. Alles wirkt ein wenig surreal. Ich gehe weiter bis zur Bliss-Straße. Beim Saftladen bleibe ich stehen. Außer mir sind keine Kunden da. Am Akzent des jungen Verkäufers erkenne ich, dass er aus Suwaida in Syrien kommt. Ein älterer Mann bittet mich um Geld. Der Verkäufer nennt ihn «Salim» und gibt mir zu verstehen, dass er nicht ganz klar im Kopf ist. Ich biete ihm an, ihm ein Sandwich aus dem Laden nebenan zu kaufen, und er ist begeistert. Der Verkäufer mischt sich ein: «Geh nicht auf ihn ein, er dreht diesen Film jeden Tag.» Ich gehe mit Salim und kaufe gleich mehrere Sandwiches, dann kehren wir zum Saftladen zurück. Ich frage den Verkäufer, ob wir alle zusammen essen können, und er stimmt zu, weigert sich aber, Geld für meinen Saft zu nehmen. Ich frage Salim, «Kennst du jemanden der Abu Saleh heißt?» Salim ist mit seinem Essen beschäftigt, also schüttelt er nur den Kopf. Auf der anderen Straßenseite geht ein älterer Mann mit einer Tüte voller Katzenfutter. Die Katzen kriechen unter dem Zaun der Amerikanischen Universität Beirut hindurch und laufen hinter ihm her. Zwei Autos halten vor uns, eine lärmende Gruppe junger Frauen und Männer steigt aus und betritt den Saftladen. Der Verkäufer legt sein Sandwich zur Seite, um die Bestellungen entgegenzunehmen. Ich überquere die Straße, gemeinsam mit Salim, um näher an den Mann mit den Katzen heranzukommen. Salim pickt Fleischstücke aus seinem Sandwich, um die Katzen zu füttern. Er lacht wie ein Kind und streichelt die Katzen. Ich lehne mich an die niedrige Mauer der Universität und beobachte Salim, den alten Mann und die Katzen, während mich das Lachen der jungen Frauen und Männer aus dem Saftladen umfängt. Es ist Vollmond und ein Gefühl von Glückseligkeit überkommt mich. Ich wünsche mir, dass dieser Moment andauert, dass die Zeit stehen und ich bleiben kann, wo ich jetzt bin, hier, in dieser magischen Frühlingsnacht in Beirut.

Aus dem Arabischen von Sonja Mejcher-Atassi

Raef Zreik

Kant für die arabische Welt

Jede Beschäftigung mit der Rezeption der Philosophie Immanuels Kants muss in Rechnung stellen, dass seine Ideen nicht ausschließlich ihm gehören. Sein Nachdenken über Vernunft, Freiheit, Säkularismus, persönliche Autonomie, begrenzte Regierung und Toleranz verbindet ihn mit den Philosophen Locke oder Mill – was nicht ausschließt, dass diese Ideen in Kants System eine besondere systematische Ausfaltung und Prägung erfahren haben. Darüber hinaus wurden Kants Ideen vielfach von anderen Philosophen reproduziert und neu akzentuiert, sowohl von Neukantianern als auch von anderen. Was bedeutet dann aber Wirkmacht oder Einfluss? Es gibt arabische Philosophen, die das Ausrichten der Ethik und Politik an einem Universalismus der Vernunft befürworten, aber es ist schwer zu bestimmen, ob sie mittelbar von Habermas und Rawls beeinflusst wurden oder unmittelbar von Kant. Und sind säkulare Denker aus der arabischen Welt von der französischen Philosophie oder von Kant beeinflusst? Es reicht gewiss nicht, kursorisch die Fußnoten einschlägiger Autoren durchzusehen, um den Einfluss des Philosophen aus Königsberg auf die arabische Welt angemessen einschätzen zu können.

Ein weiteres Problem beim genauen Nachdenken über die Rezeption Kants ist die verschachtelte Architektur seines Denkens, das Metaphysik, Moral, Gerechtigkeit, Recht und Politik miteinander verzahnt. Doch auch wenn Kant sich selbst aus vielen philosophischen Quellen speiste und einige seiner politischen Ideen oder seine Theorie der Gerechtigkeit nicht exklusiv ihm zugesprochen werden können (seine Moralphilosophie dagegen schon), zeichnet Kant die Art und Weise aus, wie er diese Ideen zu einem Gesamtsystem verbindet. Auch konfrontiert uns Kant mit scheinbar gegensätzlichen Denkansätzen: «negative» und «positive» Autonomie, «äußere» und «innere» Freiheit, «Wille» und «Willkür», die als der Ursprung der grundlegenden Unterscheidung zwischen positiver und negativer Freiheit im modernen politischen Denken gedeutet werden können. Die negative Freiheit verweist auf die Idee der freien Wahl, die unabhängig von ihrem materiellen Gehalt ist. Als Verfechter der negativen Freiheit legt Kant somit nicht nur die Grundlage für den bürgerlichen Liberalismus, sondern auch für den Neoliberalismus einer konsumorientierten Moderne. Hingegen könnte seine Aufwertung der positiven Freiheit und der Autonomie, das heißt der Moral und nicht der bloßen Gerechtigkeit, der Betonung des Guten und Richtigen, das über das formale Recht hinausgeht, von totalitären Regimen vereinnahmt werden.

Darüber hinaus zeichnet sich Kant durch einen sanften Säkularismus aus, der zwar die Bedeutung der Vernunft betont, der Vernunft aber – ebenso wie der Religion – auch Grenzen setzt. Diese Gesten philosophischer «Distanzierung» – wie man sie vielleicht nennen könnte – stellte ein Echo früherer Varianten der «Distanzierung» dar: der religiösen «Distanzierung» in der Lehre Luthers und der wissenschaftlichen «Distanzierung» durch Galilei und Kopernikus. Außerdem lebte Kant nach dem Ende der Renaissance, war ein Kind und Protagonist der Aufklärung, aus deren Energien und Ideen sich die Moderne speiste. In der arabischen Welt hat es ein solches lineares Stufenmodell nicht gegeben. Die arabischen Intellektuellen scheinen oft mit der Gleichzeitigkeit aller drei Epochen zu ringen. All dies muss berücksichtigt werden, wenn Ideentransfers von einer Gesellschaft in eine andere und von einer Epoche auf eine andere betrachtet werden.

Wenn es um die Kant-Rezeption in der arabischen Welt des 20. Jahrhunderts geht, stellt sich eine Reihe von Fragen. Die erste lautet: Was genau ist das «arabische Denken»? Wie wir weiter unten sehen werden, muss man die akademischen Philosophen an den Universitäten von jenen öffentlichen Denkern unterscheiden, die sich an ein größeres Publikum wenden und sich als Teil eines sozialen und politischen Projektes verstehen. Zwar ist der größte Teil von Kants Werk ins Arabische übersetzt worden, doch stellt Kants Denken im öffentlichen Denken weder eine zentrale Bezugsquelle noch ein intellektuelles Ereignis dar.

Lehrveranstaltungen über Kants Philosophie gibt es an arabischen Universitäten seit Anfang des 20. Jahrhunderts.[1] Die Übersetzung von Kant ins Arabische ist jedoch ein relativ neues Phänomen. Die Zeitschrift *al-Fikr al-arabi* (Arabisches Denken) veröffentlichte im Jahr 1987 einen Band zum zweihundertsten Jahrestag der zweiten Auflage der *Kritik der reinen Vernunft*. Dieses Sonderheft enthält sechzehn Studien zu verschiedenen Aspekten von Kants Werk und einen bibliographischen Aufsatz von Moniana Mansour, der sämtliche ins Arabische übersetzten Werke Kants auflistet.[2] In einem 2010 erschienenen Buch hat Ahmad Abed-Alhalim Atiyah es sich zur Aufgabe gemacht, diejenigen arabischen Philosophen aufzuspüren, die sich in ihren Schriften explizit auf Kant bezogen haben.[3] Zu den wichtigsten hier genannten Namen gehören Othman Amin (1905–1978) aus der ersten Generation von ägyptischen Philosophen, der Kant übersetzte und sowohl über seine theoretische als auch über seine politische Philosophie schrieb; Zakaria Ibrahim, der bereits in den frühen 1960er Jahren eine große Studie über Kant und seine kritische Philosophie verfasste; Zaki Naguib Mahmoud (1905–1993), der in seinem logischen Positivismus von Kant beeinflusst wurde. Sein erstes Buch – basierend auf seiner Dissertation *al-Jabr al-thati* («Selbstbestimmung») – wird als kantianisches Buch angesehen, da es die Idee des freien rationalen Willens und die dem Menschen als freiem und rationalem Wesen innewohnende Fähigkeit behandelt, sich moralisch zu orientieren. Schon der Titel der Dissertation erinnert an Kants Konzept der Autonomie, das die Idee des freien Selbst mit der Ordnung des *Nomos* verbindet und so Subjektivität und Objektivität miteinander verbindet. Das Buch wurde 1947 zunächst auf Englisch geschrieben und erst 1973, sechsundzwanzig Jahre nach seiner Erstveröffentlichung, ins Arabische übersetzt.

Abderrahman Badawi (1917–2002), der vor allem für seinen Existentialismus bekannt ist, wandte sich spät in seinem Leben Kant zu und schrieb über Kants Moralphilosophie, über seine Philosophie des Rechts und der Politik sowie über seine Religionsphilosophie.[4] Etwa zur gleichen Zeit veröffentlichte Murad Wahbeh ein Hauptwerk über Kants Methode in französischer Sprache, das 1979 von Nazmi Luka ins Arabische übersetzt wurde. Dieses Buch konzentrierte sich nicht auf Fragen der Ethik und Politik, sondern auf Kants Metaphysik. Ein weiterer bedeutender Philosoph und Intellektueller, der sich ausführlich mit Kants Denken auseinandersetzte, war der syrische Schriftsteller und Kritiker Sadiq Jalal al-Azm, der an der Yale University in Philosophie promoviert wurde. Zu Beginn seiner Karriere schrieb er zwei wichtige Bücher über Kants Philosophie, wobei ihn besonders das Problemfeld der Metaphysik beschäftigte. Das erste behandelte Kants Zeitbegriff,[5] das zweite seine Antinomien.[6] Es wäre jedoch problematisch, al-Azm ausschließlich als Kantianer zu bezeichnen. Er selbst verstand sich als undogmatischen Marxisten, der den historischen Materialismus dem deutschen Idealismus vorzog, und wurde auch von anderen so wahrgenommen.[7] Tatsächlich machte er Kant für ein inflationäres Interesse an der philosophischen Methode verantwortlich. Die Adelung des Methodendenkens zur vornehmsten Aufgabe der Philosophie machte al-Azm für deren Rückzug von jedem ernsthaften Versuch verantwortlich, die materielle Außenwelt zu erkennen.[8] Al-Azm versteht den Aufstieg der Phänomenologie im 20. Jahrhundert als ein Fortschreiben der kantischen Skepsis gegenüber der menschlichen Fähigkeit, die konkrete Wirklichkeit zu erfassen. So gesehen könnte al-Azm sogar auch als veritabler Anti-Kantianer gelesen werden. Umgekehrt könnte er genauso als einer der kritischsten Köpfe in der arabischen Welt betrachtet werden, als ein Philosoph der Aufklärung, der im besten Kantianischen Geist immer wieder vermeintlich letzte Wahrheiten aus

Religion und Politik neu hinterfragte. Er ist also zumindest insofern Kantianer, als man Marx kantianisch lesen kann: Beide opfern intellektuell vor dem Richtstuhl der Kritik, der eine als kritischer Materialist, der andere als kritischer Idealist. Al-Azm gehört damit zu einer Reihe von arabischen Intellektuellen, die als Kantianer verstanden werden können, wenn man darunter ein Denken aus der Vernunft und Kritik – oder eben umgekehrt die Ablehnung von Offenbarung und Glauben als verbindliche Instanzen versteht. Auch Mohammed Abed al-Jabri hat den größten Teil seines Lebens dem Projekt der arabischen Aufklärung gewidmet, indem er das arabische philosophische Denken neu las und die verschütteten rationalen Aspekte dieser Tradition freilegte. Auch wenn Kant nicht sein zentraler Gewährsmann ist, so stellt er doch die kritische Rationalität von Averroes in den Vordergrund, um eine aufklärerische Linie innerhalb der arabischen philosophischen Tradition zu betonen.[9] Die bemerkenswerteste Errungenschaft in dieser Hinsicht ist sein Buch *Die Kritik der arabischen Vernunft*, ein Titel, der unverkennbar auf Kant anspielt.[10] Im selben Zusammenhang ist auch Georges Tarabichi zu nennen, der zwar ein scharfer Kritiker von al-Jabri war, aber mit ihm darin übereinstimmte, dass das wichtigste Projekt der arabischen Denker die Kritik der arabischen Vernunft sei – auch wenn er letztlich der Meinung war, dass al-Jabri an dieser Aufgabe gescheitert sei.

Unter den Philosophen, die sich in jüngster Zeit direkt mit Kant auseinandergesetzt haben, ist die umfangreiche Arbeit des libanesischen Philosophen Mousa Wehbe zu nennen, der an der Sorbonne studiert hat und zu dessen zahlreichen Veröffentlichungen Übersetzungen ins Arabische von Hume, Husserl und Kants *Kritik der reinen Vernunft* gehören. In mehreren Aufsätzen in der Zeitschrift *al-Fikr al-arabi* erklärt Wehbe, warum wir Kant weiterhin lesen sollten und warum er immer noch Antworten auf virulente Fragen unserer Zeit hat.[11] Bemerkenswert sind in diesem Zusammenhang auch die jüngsten Arbeiten einiger tunesischer Philosophen, darunter Mohammed Al-Mazoughi, der mehrere Bücher über Kant geschrieben hat, in denen er argumentiert, dass Kant – im Gegensatz zu den französischen Philosophen des Säkularismus – zögerlich war, wenn es um die Rolle der Religion im privaten und sogar im öffentlichen Leben ging, und dass er mitten in seinem Aufklärungsprojekt einhielt und es unvollendet ließ.[12] Eine weitere bemerkenswerte Rückbesinnung auf Kant findet sich in den Arbeiten von Fethi Meskini, der Werke von Nietzsche, Heidegger und Kant ins Arabische übersetzt hat. Neben seiner Arbeit als Übersetzer hat sich Meskini in seiner Analyse der tunesischen Revolution ausdrücklich auf Kant bezogen, und in den meisten seiner Schriften bilden die kantischen Ideale von Freiheit, Autonomie, Säkularismus, Staatsbürgerschaft und Aufklärung eine Richtschnur seiner Argumentation.[13] Eine weitere tunesische Philosophin, die mehrere Werke über Kants Ästhetik und Religion veröffentlicht hat, ist Um al-Zaine Bensheikha Meskini. In ihrem 2006 erschienenen Buch *Kant for Now* versucht sie, das Denken Kants in zeitgenössischen Diskursen (Habermas, Derrida, Hans Jonas etc.) einzuordnen. Am Ende ihres Buches stellt sie die Frage, was wir von Kant lernen können, und antwortet, dass es vor allem drei Dinge sind, die wir aus seinem Vermächtnis ziehen können: den Universalismus, die Kunst des Zusammenlebens und die Hoffnung.[14]

Trotz all dieser Bücher und Kant-Lektüren lässt sich schwerlich behaupten, dass Kant – im Gegensatz zu Marx, Nietzsche oder Heidegger – in der arabischen Welt ein populärer Philosoph oder vielgelesener Autor ist. Seine immer noch spärliche Verbreitung ist sicher auch eine Folge der Komplexität und des Abstraktionsniveaus seiner Philosophie. Vor allem aber scheint sich Kants Temperament nicht gut für Gesellschaften zu eignen, die sich in einer Art permanenten Ausnahmezustand befinden. Kants abwägendes Denken scheint nicht so recht zu passen zum agonalen Modus arabischer

Gesellschaften, die eine rasche und radikale Modernisierung anstreben, die sich der westlichen Hegemonie entgegenstellen, die Abhängigkeiten überwinden und sich von einem kolonialen Erbe befreien wollen. Es scheint keine ausreichende Resonanz in Gesellschaften zu erzeugen, die sich in einem andauernden Kampf befinden, getrieben von dringendsten Bedürfnissen und gewaltigen historischen Aufgaben. Kants Philosophie lehnt das Überspringen von Entwicklungsetappen ab, sie fordert zur Verlangsamung, zur Reflexion und retardierenden Nachdenken auf. Sie besteht auf der Trennung der Sphären und auf der Notwendigkeit, dass jede von ihnen gemäß ihrer eigenen inneren Logik behandelt wird. Vielleicht ist «Autonomie» der zentrale Begriff in Kants Philosophie.[15] So ist zum Beispiel die Moral autonom vom Glück (und auch von der Religion), während andererseits die Gerechtigkeit autonom von der Moral und die öffentliche Ordnung autonom von der Gerechtigkeit ist. Wir dürfen in Kants Systemlogik weder die Gerechtigkeit opfern, nur um die Moral zu fördern, noch dürfen wir das Glück fördern, indem wir die Moral ausklammern. Es gibt einen Vorrang bestimmter Sphären vor anderen. Und deshalb, so argumentiert Kant unter steter Berücksichtigung von Folgekosten, ist es ein verantwortungsloses Spiel mit dem Feuer, eine Revolution anzuzetteln, selbst wenn diese die Gerechtigkeit fördert; denn sie birgt gleichzeitig das Risiko, dass die öffentliche Ordnung geopfert wird und wir in den Naturzustand zurückgeworfen werden. Jede dieser Sphären muss für sich stehen – auch wenn sie mit anderen in Beziehung steht – und hat ihre eigene Logik. Entscheidend ist für ihn die Kunst der Verklammerung der Sphären, der Verlangsamung, der Konzentration auf jeweils einen Bereich, während andere Bereiche und Fragen vorübergehend in der Betrachtung stillgestellt werden. Folgerichtig ist Kants praktischer Philosophie etwas Zurückhaltendes, Nachdenkliches und Vorsichtiges inhärent, was seine tiefsitzende Skepsis gegen fundamentale Umbrüche und Revolutionen und seine grundsätzliche Vorliebe für Reformen und Evolutionen erklärt. Wenn wir uns mit der Moral befassen, klammern wir das Glück aus. Wenn wir über die Notwendigkeit einer öffentlichen Ordnung nachdenken, klammern wir die Frage der Gerechtigkeit aus. Wenn wir die Ästhetik untersuchen, klammern wir andere Fragen aus. Und wenn wir die praktische Vernunft diskutieren, klammern wir die theoretische Vernunft aus usw. In diesem Sinne würde Kant jeden Versuch entschieden missbilligen, der sich auf eine «finale» Analyse beruft – oder versucht, alle Urteile in ein einziges großes, übergreifendes Letzturteil zu fassen. Gesellschaften, die sich in einem Kampf befinden, werden jedoch immer ein Faible für das Ende der ewigen Disputation haben und sich zu einer politischen Rhetorik der abschließenden Analyse, ja der Entscheidung, hingezogen fühlen.

Für die arabischen Gesellschaften, die sich in Konfrontation mit dem Westen oder im Kriegszustand mit Israel befinden und mit Armut und Analphabetismus konfrontiert sind, scheint es im Arsenal der philosophischen Ideenkammern attraktivere Theorien als Kants vorsichtiges Denken zu geben – solche, die weniger formalistisch sind und bei denen der Zweck oder das Prinzip es rechtfertigt, bestimmte Entwicklungsstufen ohne Rücksicht auf Systemlogiken zu überspringen oder sie höheren Zielen zu opfern. Es ist daher vielleicht nicht überraschend, dass die Ideenkreise des Marxismus, Nationalismus und politischer Islam in der arabischen Welt weitaus verbreiteter sind als der skeptische Modus des Kantianismus. Gemeinsam ist diesen drei Weltanschauungen ein geschichtsphilosophisch klar definiertes Ziel, das sich über Formalitäten hinwegsetzt und unduldsam gegenüber der inneren Logik einzelner Sphären ist. Arabische Gesellschaften, die seit zwei Jahrhunderten ihre Identität aus einem Modus der Selbstverteidigung gewinnen, scheinen daher eher geneigt zu sein, auf Nationalismus oder Islamismus als die bewährten Garanten zu setzen, oder sich gleich in eine bessere Zukunft zu träumen (wie es der Marxismus verspricht) – anstatt auch diese Optionen kritisch in Frage zu stellen. Angesichts des bisher begrenzten Erfolgs dieser Optionen ist die Zeit eigentlich reif für eine Besinnung auf Kants Philosophie in der arabischen Welt – vielleicht.

Aus dem Englischen von Daniel Schönpflug

1 Ahmad Abed-Alhalim Atiyah: Kant wa-antulujya al-asr (Kant und die Ontologie unserer Epoche), Beirut 2010, S. 18–19.

2 Moniana Mansour: Kant, sein Leben und sein Werk, in: al-Fikr al-arabi 8, 48 (1987), S. 209–216.

3 Abed-Alhalim Atiyah, Kant wa-antulujya al-asr.

4 Badawi schrieb diese Bücher in den späten siebziger Jahren. Das erste trägt den Titel al-Akhlaq ind Kant (Kants Ethik), das zweite Falsafat al-qanun wa-siyasah ind Kant (Kants Philosophie des Rechts und der Politik) und das letzte al-Tarbiya wal-'din ind Kant (Kant über Erziehung und Religion). Alle drei Bücher wurden 1979 in Kuwait von Dar al-Qalam W Waakalet Alamtboaat veröffentlicht.

5 Sadiq Jalal al-Azm: Kant's Theory of Time, New York 1967.

6 Sadiq Jalal al-Azm: The Origins of Kant's Arguments in the Antinomies, Oxford 1972.

7 Vgl. Abdulrahman al-Salimi: Arab Philosophical Trends: Responses to Modernity, Edinburgh 2004, Kapitel 14. Ders.: In Defense of Materialism and History (Beirut: Dar al-Kitab al-jadid, 1990).

8 Ebd., S. 84.

9 Zu einer aufklärerischen Genealogie von Averroes zu Kant kritisch: Saud M. S. Al Tamamy: Averroes, Kant and the Origins of the Enlightenment, London 2014.

10 Vgl. Mohammed Abed al-Jabri: The Formation of Arab Reason: Text, Tradition and the Construction of Modernity in the Arab World, London 2010.

11 Siehe al-Fikr al-arabi 8, 48 (1987), S. 9–32, 72–94.

12 Mohammed Al-Mazoughi: Religion within the Limits of Reason or Imperfect Enlightenment, Beirut 2007.

13 Benshiekha Meskini, Um Zaine: Arab Revolutions – Impersonal Biography, Beirut 2013.

14 Um al-Zaine Benshiekha Meskini: Kant for Now [Kant Rahinan] (Casablanca: Arab Cultural Center, 2006), S. 218–220.

15 Raef Zreik: Kant's Struggle for Autonomy: On the Structure of Practical Reason, Lanham 2023.

Die Autorinnen und Autoren

DIANA ABBANI
ist wissenschaftliche Koordinatorin am Merian Center for Advanced Studies in the Maghreb (MECAM). 2023 erschien *Female Performers in Beirut (1900–1930s): Agents and Metaphors of Social Change*, in: *The Arab Nahda as Popular Entertainment: Mass Culture and Modernity in the Middle East*.

YVONNE ALBERS
ist Arabistin und Postdoktorandin an der Freien Universität Berlin. 2023 erschien *Beirut und die Zeitschrift Mawaqif. Eine arabische Intellektuellengeschichte, 1968–1994*.

MOHAMMAD AL ATTAR
geb. 1980, ist Autor und Dramaturg. Zuletzt wurden sein Stück *Yesterday's Encounter* und die Oper *Searching for Zenobia*, zu der er das Libretto lieferte, uraufgeführt.

LEYLA DAKHLI
geb. 1973, ist Historikerin. Sie leitet das Projekt «Drafting and Enacting the Revolutions in the Arab Mediterranean» (DREAM) am Centre Marc Bloch und ist 2024/25 Fellow am Wissenschaftskolleg zu Berlin. 2022 erschien *Archiving in an Age of (Counter)Revolutions*.

FOUAD ELKOURY
geb. 1952, ist Fotograf und Filmemacher. 2017 veröffentlichte er den Band *Passing Time* (mit Gregory Bauchakjian und Manal Khader).

ELIAS KHOURY
(1948–2024) war Schriftsteller und Journalist. 2007 erschien *Ka'annaha ná'ima* (dt: *Als schliefe sie*).

SONJA MEJCHER-ATASSI
ist Professorin für arabische und vergleichende Literaturwissenschaften an der American University of Beirut. 2024 ist erschienen *An Impossible Friendship: Group Portrait, Jerusalem Before and After 1948*.

NADINE PANAYOT
geb. 1970, arbeitet als Kuratorin des Archäologischen Museums in Beirut und unterrichtet die Praxis der Archäologie als Professorin an der American University of Beirut. 2023 ist erschienen *Gender diversity and inclusive representation as a means to decolonize museums*, in: *Gender & Development* (Vol. 31, S. 495–514).

KIRSTEN SCHEID
ist Professorin für Anthropologie und Kunstgeschichte an der American University of Beirut. 2022 veröffentlichte sie *Fantasmic Objects: Art and Sociality from Lebanon, 1920–1950*.

DANIEL SCHÖNPFLUG
geb. 1969, ist Professor für Neuere Geschichte am Friedrich-Meinecke-Institut der FU Berlin und Leiter der wissenschaftlichen Programme des Wissenschaftskollegs zu Berlin. 2017 erschien sein Buch *Kometenjahre. 1918 – eine Welt im Aufbruch*.

JAD TABET
geb. 1944, ist Architekt und Autor. 2023 erschien *Lebanon beginnings in the Biography of a Modern Intellectual: Journeys in Culture, Architecture and Politics with Antoine Tabet and his Companions*.

TANIA ZAVEN
geb. 1972, ist Archäologin und leitet als Regionaldirektorin für den Nordlibanon in der Generaldirektion der Altertümer die Weltkulturerbestätte Byblos. 2020 erschien *Three Polychrome Glass Pendants from Sidon*, in: *BAAL* (Hors-série XVIII, S. 281–285).

RAFAEL ZREIK
ist Jurist, Ideenhistoriker und Senior Fellow am Van Leer Jerusalem Institute. 2018 erschien sein Buch *Kant on Time and Revolution*.

ZIG FÜR DIE ARABISCHE WELT

Das Beirut-Heft der Zeitschrift für Ideengeschichte erscheint 2025 in arabischer Übersetzung in der Sheikh Zayed Book Series der AUB Press.